さおり＆トニーの冒険紀行

イタリアで大の字

小栗《おぐり》左多里《さおり》＆
トニー・ラズロ

はじめに

イタリアといえば、よく耳にするのが
「アモーレ、カンターレ、マンジャーレ」。
「愛し、歌い、食べる」のが大好きということらしい。
つまりは陽気な感じ。
一方で、芸術や伝統という重厚なイメージもある。
本当はどんな国なのか。
それを確かめたいということで今回の旅は決まりました。
ちなみに昔、少しだけイタリア語を勉強したとき教わった、
「食べる」の暗記法は「まんじゅうマンジャーレ」。
すでにほかの言葉を忘れてしまった私は、
「まんじゅうマンジャーレ」だけを胸に、
イタリアへ向かいました。
素敵な旅になることを信じて。
小栗左多里

「大の字」になるには、

上下と左右にある程度余裕がないといけない。

でも、イタリアの必見の名所は、

いつ行ってもすごい人。

しかも、長い列でとなり同士になるのは

地元の人ではなく、同じ日本からの観光客だったりする。

本書では、人混みをなるべく避けながら見つけた

4大都市の隠された楽しさ、

その一歩離れた町や農村の美しさ、

そして今まで日本で十分知られてこなかった

サルデーニャ島での発見を紹介する。

楽しくて安全、そして新鮮な

イタリア旅行になりますように。

トニー・ラズロ

Capitolo 1 Venezia

ヴェネツィア

Capitolo 2 Firenze e Toscana

フィレンツェ&トスカーナ

Capitolo 3 Roma e Dintorni

ローマ&近郊

目次

VENEZIA ヴェネツィア
ゴンドラで狭い運河を渡り、曲がりくねった小径を歩こう
LIDO リド島
水上バスで15分、長い浜辺がある
MURANO ムラーノ島
ガラス工芸が盛んな島
FIRENZE フィレンツェ
町全体が歴史の美術館
MONTEPULCIANO モンテプルチャーノ
ぶどうやトリュフなど自然の恵みがいっぱい
PIENZA ピエンツァ
丘の頂上に建てられた小さな中世の町
SIENA シエナ
町の中心には世界一美しいカンポ広場がある
ROMA ローマ
現代と古代が入り交じるイタリアの首都
CITTÀ DEL VATICANO バチカン市国
国際的な承認を受ける世界最小の独立国
VITERBO ヴィテルボ
城壁に囲まれた町を抜けると、いきなり温泉が出現
SPOLETO スポレート
中世の町の郊外にはアグリスポットがたくさん
NAPOLI ナポリ
ナポリの町の下には、また町がある
CAGLIARI カリアリ
島南部の湾を望む州都はサルデーニャ最大の都市
NUORO ヌオーロ
谷や山々に囲まれた豊かな自然が残る風土
TRENTINO-ALTO ADIGE
Trento
FRIULI-VENEZIA GIULIA
Trieste
Aosta
VALLE D'AOSTA
LOMBARDIA
Milano
VENETO
Venezia
PIEMONTE
Torino
EMILIA ROMAGNA
Bologna
Genova
LIGURIA
SAN MARINO
Firenze
Ancona
TOSCANA
MARCHE
Perugia
UMBRIA
L'Aquila
ABRUZZO
Roma
LAZIO
MOLISE
Campobasso
CAMPANIA
Napoli
PUGLIA
Bari
Potenza
BASILICATA
Taranto
SARDEGNA
Sassari
Cagliari
CALABRIA
Catanzaro
Palermo
SICILIA

イタリア冒険紀行地図

Capitolo 1

Italy ［ヴェネツィア］

Venezia

大小の運河と狭い路地は、
昔ながらの風情そのもの

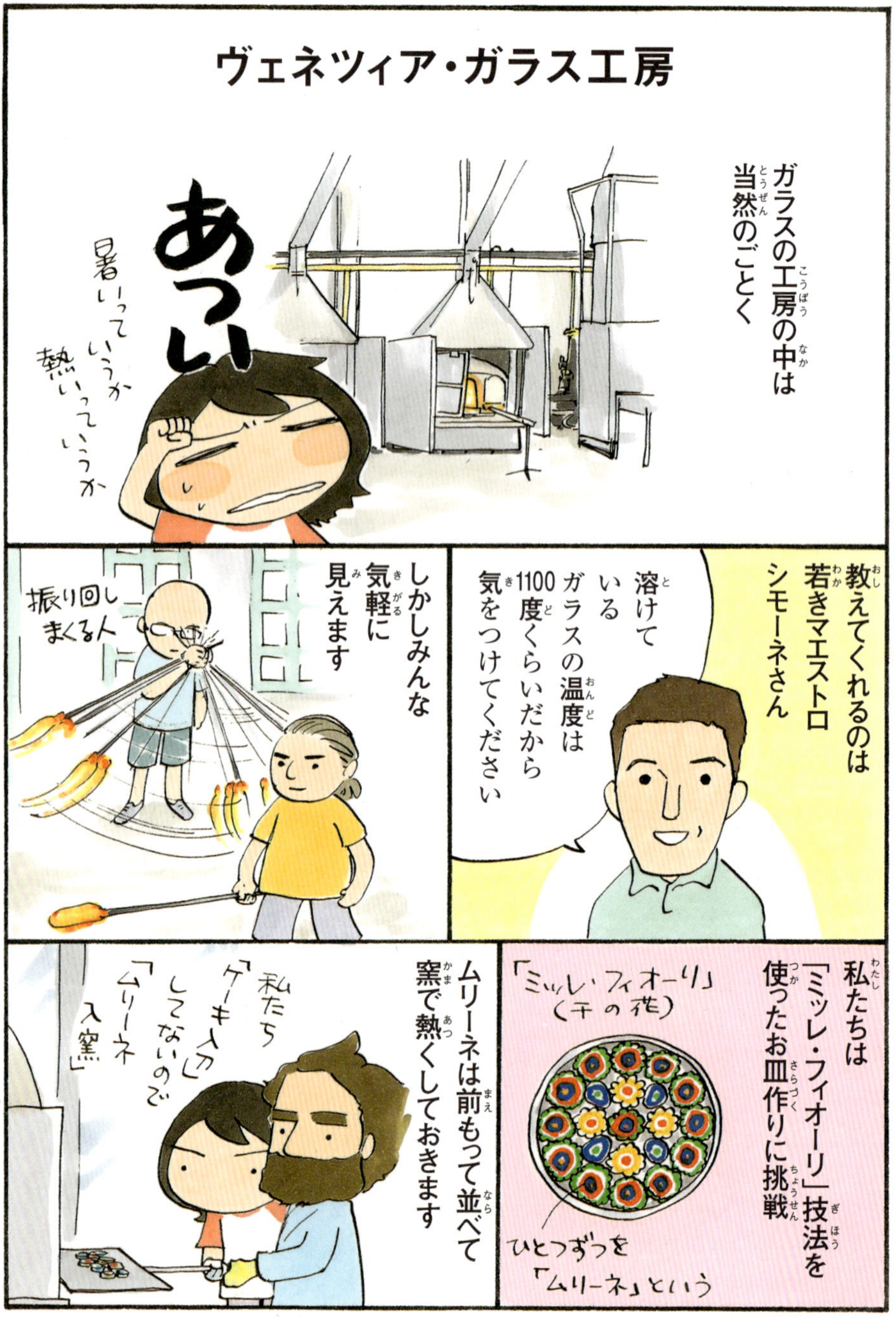

ヴェネツィア・ガラス工房
ガラスの工房《こうぼう》の中《なか》は当然《とうぜん》のごとく
あっつい
暑いっていうか熱いっていうか
教《おし》えてくれるのは若《わか》きマエストロシモーネさん
溶《と》けているガラスの温度《おんど》は1100度《ど》くらいだから気《き》をつけてください
しかしみんな気軽《きがる》に見《み》えます
振り回しまくる人
私《わたし》たちは「ミッレ・フィオーリ」技法《ぎほう》を使《つか》ったお皿作《さらづく》りに挑戦《ちょうせん》
「ミッレ・フィオーリ」（千の花）
ひとつずつを「ムリーネ」という
ムリーネは前《まえ》もって並《なら》べて窯《かま》で熱《あつ》くしておきます
私たち「ケーキ入刀」してないので「ムリーネ入窯」

まず棒《ぼう》の先《さき》にガラスを巻《ま》き取《と》ります
あつくて目を開けていられません
助けてマエストロ
巻《ま》き取《と》ったガラスの形《かたち》を整《ととの》えたら
転がして
大事《だいじ》なのは
とにかく回《まわ》し続《つづ》けること!!
くる くる くる
回《まわ》して回《まわ》して!
本日作務衣
少《すこ》しでも冷《さ》めたら温《あたた》め直《なお》し
中でも回す
くる くる くる
そして出《だ》したらすぐ吹《ふ》いてね
息を吹きこんで
ふくらませる
すぐですってすぐ!!
出したらすぐ!!
1、2、3って言《い》って!!
コーディネーター エリザさん
5ケ国語話す才媛

ぐるぐる
ぐるぐる
ぐるぐる
1
2
3!!
意味なし!!
結局《けっきょく》は自分《じぶん》のタイミングで
角度《かくど》は上《うえ》に!!
吹《ふ》いて!!
私《わたし》も吹《ふ》いてみる
重《おも》っ
ふーっ
回《まわ》して!! 出《で》てきたっ
もっと強《つよ》くっ
もっと!! 回《まわ》しながら吹《ふ》いてっ
もっと!! もう ちょっと!!
ぷはっ
もう ちょっとっ 頑張《がんば》ってて っ
かわって――っ
ふーーっ
OK!!
風神 間に合った!

そのままトニーに交代《こうたい》したものの
ひょい
ぐにゃ…
あーー
これはもうムリだね
最初《さいしょ》からやり直《なお》しましょう
ガラスは直せないから
そうか…
もう一度頑張ろう
2度目《どめ》はなんとか順調《じゅんちょう》
転《ころ》がしながらムリーネをつける
えーと思《おも》ったんだけどね…
マエストローーッ
アイウート!!
アイウート!!
（助けて）
よく止まってるよ!!
いいから回《まわ》してっ
回《まわ》して!!
トニーさん回《まわ》してっ
ビデオ撮ってる
編
オーシマさん

そしてガラスをまた吹《ふ》いて先《さき》を切《き》り
回しつつ
口《くち》を少《すこ》し広《ひろ》げるのだが
あーー
丸くはならない…
これを窯《かま》の中《なか》で回《まわ》すと開《ひら》いてお皿《さら》になるのです
絶対《ぜったい》止《と》めないで
結果《けっか》
だいぶアーティスティックな形《かたち》だねー
確かに…
私《わたし》たち丸《まる》いお皿《さら》に興味《きょうみ》ないんです
ムリーネの種類《しゅるい》によってもガラスがどう動《うご》くのかが違《ちが》ってくるんです
そういうのを全部《ぜんぶ》わかっていないとうまく形《かたち》を作《つく》れないんですよ
その後《あと》2日《か》間《かん》かけて冷《ひ》やします
冷やす窯
のぞき穴

ムリーネを作《つく》るのもちょっとお手伝《てつだ》い
緑を巻き取ったら
白
青へ
窯ごとにガラスの色が違いますが熱くなっているので見た目は同じです
彼女《かのじょ》のほうがうまいかも知《し》れないね
まず一勝
ぐっ
トニーに交代《こうたい》
はいはい
回《まわ》して回《まわ》してっ
トニーさん回《まわ》してっ
3色《しょく》付《つ》けたら
行《い》きまーす
ぴゅーーーーん
おおーーーっ

こぼればなし

ゴミ収集車《しゅうしゅうしゃ》

"LINEA VETRO MURANO" di SIMONE CENEDESE & C. s.a.s.
Calle Bertolini, 6, 30141 Murano-Venezia
TEL: 041-5274455 FAX: 041-5274650 http://www.simonecenedese.it

リド島

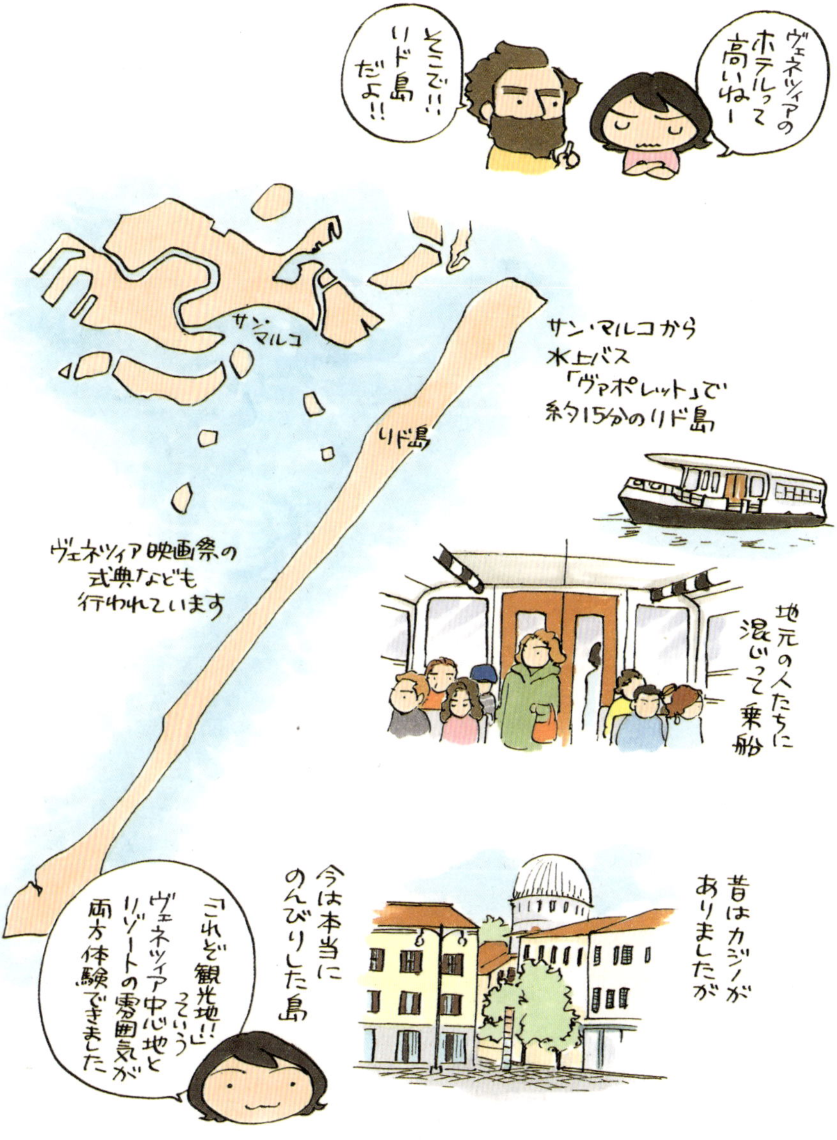

ヴェネツィアのホテルって高いねー
そこで!!リド島だよ!!
サン・マルコ
リド島
サン・マルコから
水上バス
「ヴァポレット」で
約15分のリド島
ヴェネツィア映画祭の
式典なども
行われています
地元の人たちに混じって乗船
昔はカジノがありましたが
今は本当にのんびりした島
「これぞ観光地!!」っていうヴェネツィア中心地とリゾートの雰囲気が両方体験できました

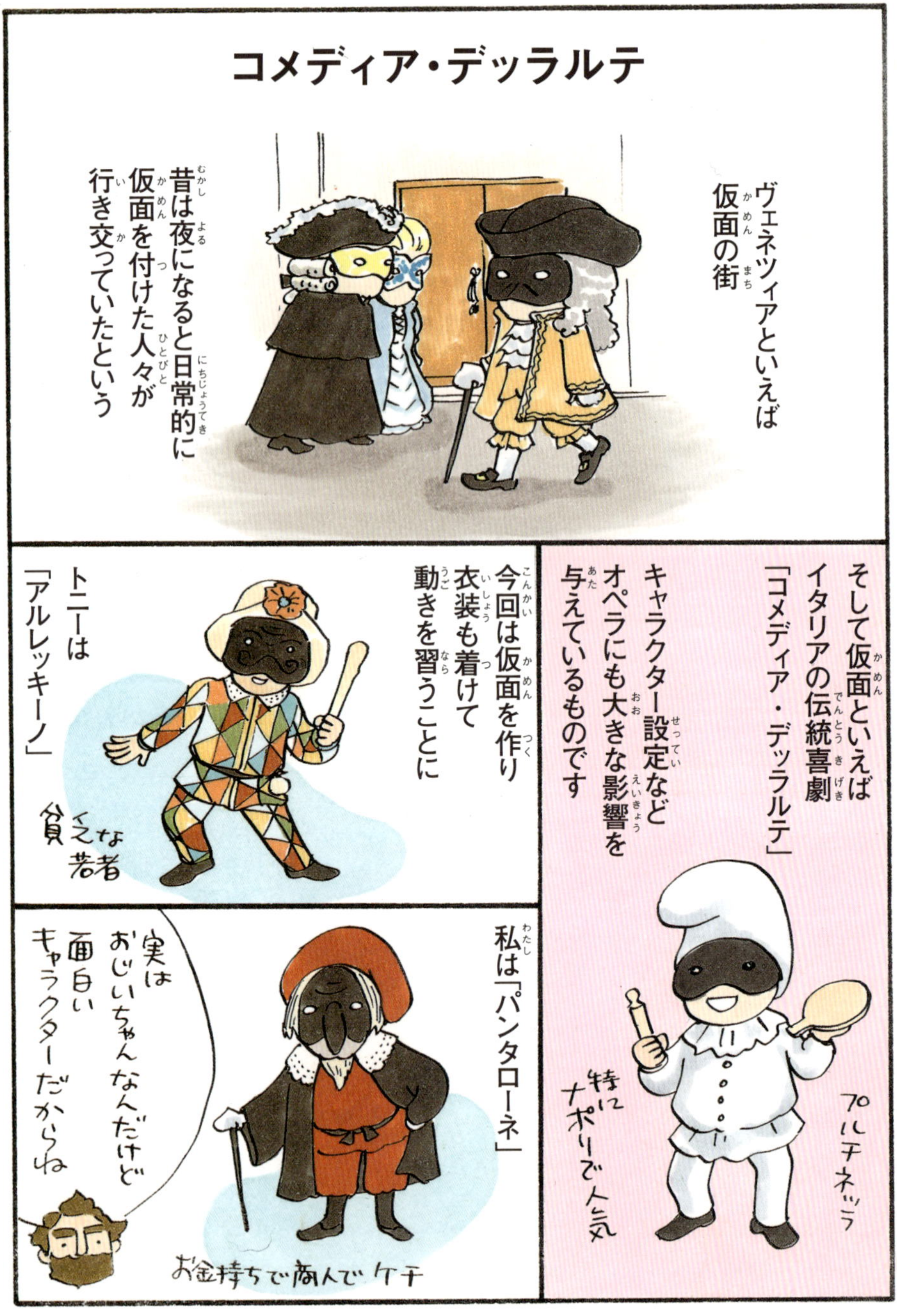
コメディア・デッラルテ
ヴェネツィアといえば
仮面《かめん》の街《まち》
昔《むかし》は夜《よる》になると日常的《にちじょうてき》に
仮面《かめん》を付《つ》けた人々《ひとびと》が
行《い》き交《か》っていたという
そして仮面《かめん》といえば
イタリアの伝統喜劇《でんとうきげき》
「コメディア・デッラルテ」
キャラクター設定《せってい》など
オペラにも大《おお》きな影響《えいきょう》を
与《あた》えているものです
プルチネッラ
特にナポリで人気
今回《こんかい》は仮面《かめん》を作《つく》り
衣装《いしょう》も着《つ》けて
動《うご》きを習《なら》うことに
トニーは
「アルレッキーノ」
貧乏な若者
私《わたし》は「パンタローネ」
お金持ちで商人でケチ
実はおじいちゃんなんだけど
面白いキャラクターだからね

まず本格的《ほんかくてき》な仮面《かめん》の作《つく》り方《かた》を聞《き》いて
仮面作《かめんづく》りに使《つか》うノリはウサギの皮《かわ》から作《つく》った「ニカワ」です
指導のアレッサンドラさん
ウサギ…
それはーもちろんー生《い》きたウサギを捕《つか》まえてー「ニカワ」を作《つく》ってー放《はな》すんですよね!?
ふふふ…
もう死《し》んでるウサギ使《つか》いますからね
それで仮面《かめん》は次《つぎ》に…
「バウタ」
とひとしきり説明《せつめい》の後《あと》
あのーウサギの種類《しゅるい》は？
わかりません…
きみまだそこにいたか
そして自分《じぶん》の仮面《かめん》に色付《いろづ》け
これねー失敗《しっぱい》できないよね
やっちゃったら直せないもん
マエストログアルティエーロさん
アーティストは間違《まちが》えないいんだよ
方向性《ほうこうせい》を変《か》えていくだけさ
名言だ…

完成《かんせい》した仮面《かめん》と衣装《いしょう》を着《つ》けてみる
白い手袋は「働かない」ことの象徴
パフォーマンスも習《なら》います
遠くにいるが
もう演技は始まっている
役者のマルコさん
モミ手
パンタローネはにわとりみたいな動《うご》き
鼻《はな》から進《すす》んで行《い》くの
ペタ
ペタ
ペタ…
女性《じょせい》を見《み》たらついて行《い》ってお話《はな》ししようとする
通りすがりのマダム
ペタ
ペタ
ペタ
め…めいわく…
しかし実《じつ》はこのときぐずっていた息子《むすこ》
たぶん時差ボケで眠かった
授乳《じゅにゅう》するパンタローネ
しかしこんな格好なのに不思議がる様子もない息子

TRAGICOMICA DI GUALTIERO DALL'OSTO
San Polo, 2800, 30125 Venezia
TEL: 041-721102　FAX: 041-5240702　http://www.tragicomica.it

「仮面の街」

今の俳優にとって、顔は一番大きな〝売り〟かもしれない。美しいものであれ、〝キモカワイイ〟ものであれ、それを客によく見てもらい、必ず覚えてもらうことが何よりも大切。でも、昔は違っていた。

たとえば、ヴェネツィアで誕生した〝コメディア・デッラルテ〟がヴェネツィアで盛んだった17世紀前後。西洋で〝役者〟を職業として初めて確立させたこの喜劇形態は、モリエールやシェイクスピアをはじめ、多くの演劇人にも、サーカスの道化師やコメディー映画王のチャップリンなどにも、大きな影響を与えた。

僕とさおりがコスプレさせてもらったアルレッキーノとパンタローネをはじめ、ほとんどの定番キャラクターは黒い皮の仮面が付き物だった。コメディア・デッラルテの役者は、顔の表情を隠す仮面を被り、体の動きだけで演技をし、客を笑わせ、泣かせ、感動させた。メインの娯楽ではなくなったが、コメディア・デッラルテのキャラクターは今も愛され、その仮面が毎年2月に開催され

Tony's Column

るヴェネツィアのカーニヴァルに必ず登場する。
カーニヴァルの仮面といえばバウタ。17世紀頃に現れたこれは特に注目に値する。最大の特徴は、下顎部分が大きく開いていることだ。飲食が容易にできたこの仮面は、あらゆる身分の人に好まれ、よく着用された。18世紀には、王族がその地位の特権によって、なんとカーニヴァル以外のときでもこの仮面を付けて町に出かけることが許されていた。市場や広場、喫茶店、劇場などで仮面姿の人がいるのはごく普通の光景だった。

　仮面を付けての生活はもうできないが、それでもこのメルヘンチックな水の都に住めたらどれだけ幸せなことか、と思う人は多いはずだ。しかし、実はここ数十年、ヴェネツィアっ子はどんどん故郷を離れ、別の地域での暮らしを選んでいる。１９５０年代初期のヴェネツィア歴史地区の人口は17万人以上だったが、何年か先には6万人を下回る見込みだ。これは観光地としての開発が進むにつれ、家賃が高騰してしまったことが大きな原因のひとつ。

　生粋のヴェネツィア人が少なくなる分、観光客にとっては、伝統に基づいた本物のヴェネツィアに触れることが難しくなっている。でも、いまだに仮面を作ったり、付けたり、顔を隠した過去の記憶が息づいている。次の角を曲がれば、ひょっとして、それを見つけることができるかもしれない。

パオロさんの休日

ゴンドラのカイを置《お》くところをフォルコラと言《い》います
フォルコラ職人
パオロさん
今日《きょう》はヴェネツィアンの休日《きゅうじつ》をのぞかせてもらいました
彼の工房から直接ボートへ
沖《おき》まで出《で》て
イカを釣《つ》ります
かなり揺れております
道具《どうぐ》は素朴《そぼく》
木
釣ってみせます
私は船酔い防止に心頭を滅却中
ほんの10分後《ぶんご》
きれいだ
釣《つ》れたね
この前《まえ》はミミズで小《ちい》さいサメ釣《つ》ったよ
おいしかった

小《ちい》さい頃《ころ》は街中《まちじゅう》の運河《うんが》にもカニがいっぱいいたんだよ
急《きゅう》に汚《よご》れてしまった感《かん》じでも今《いま》また少《すこ》しキレイになってきたね
おっ釣《つ》れたっ
これはもともとおじさんの船《ふね》パオロさんが子《こ》どものとき初《はじ》めて乗《の》った船《ふね》で修理《しゅうり》しながら使《つか》っているとか
ええ話や…
その後《あと》もう少《すこ》し小《ちい》さなボートをこがせてもらうことに
…泳《およ》げる
？
所持品《しょじひん》をすべて人《ひと》に託《たく》す
ちょっと聞いただけだよ
ガサ
ゴソ
エリザさんこれを…
まっすぐ行《い》くのが難《むず》しいね…
でもスポーツとして集中《しゅうちゅう》してやってみたい感《かん》じ
8の字をかくようにね
初心者ははずれてしまう
運河《うんが》では次々《つぎつぎ》に声《こえ》がかかるパオロさん地元《じもと》に生《い》きるヴェネツィアンなのでした
よぉ
オレたちの仕事盗む気か～
ヒュ～

ゴンドリエーレ
「ゴンドリエーレ」＝
ゴンドラをこぐ人《ひと》
練習《れんしゅう》するならカナル・グランデだね
一見 危なそうにも思えるけど…
今日の先生 マウロさん
じゃあここに来《き》てください
ゆーらゆーら
大丈夫《だいじょうぶ》私《わたし》が後《うしろ》にいるから
私じゃロマンティックじゃないけど
濃ゆい二人
実《じつ》はバランス取《と》るのは結構得意《けっこうとくい》なトニー
まあまあいいですよ
右に行ってるけど

ドドドドド
しかしボートが通《とお》ると波《なみ》が
↑これは足を踏んばる用の枠では…？
この枠あと5mm高くしてほしい!!
それより
作務衣《さむえ》のゴンドリエーレは目立《めだ》ちすぎだった
本日も作務衣
みんな見てるよ…
どうだった？
ヴェネツィア弁《べん》の特徴《とくちょう》がわかってきたぞ!!
「r」の発音がポイントだ
今日学ぶべきはそこじゃないよ
ゴンドリエーレになるには
ゴンドラに6人《にん》の審判《しんぱん》を乗《の》せて難《むずか》しいコースを走《はし》る試験《しけん》があります
お客《きゃく》さんにお願《ねが》いしたいことは
1. 動かないで
2. タバコを吸わないで
3. 床ではない部分に足を乗せないで
日本からの人たちは動かないしとても喜んでくれるのでうれしい
落《お》ちることはないの？
みんなあるよ

「ゴンドラ物語」

僕は少年の頃、親子げんかの末、湿地帯へと〝プチ家出〟したことがある。湿地帯を選んだのは、親が絶対に追いかけてこられないと思ったからだ。

これは戦術的に正解だったかもしれない。

実は、ヴェネツィアの町はそのような発想で誕生したと考えられているのだ。今のヴェネツィアはいたるところに橋があるが、もともとイタリア半島から完全に切り離された潟（ラグーナ）で、１００以上の小島の上に形成された町だ。敵にとっては陸側、海側から攻めようと思っても、泥沼に足を奪われて不利となる。島と島との間を移動するのに船が必要だったが、そのために開発されたのがゴンドラだ。

ゴンドラをこぐ人たちをゴンドリエーリ（単数はゴンドリエーレ）という。これは男性名詞で、この仕事は男の領域とされてきた。ヴェネツィア共和国が最も栄えていた16世紀には彼らの数はなんと1万人を数えた。今でも、４００人以上の男たちがヴェネツィアのゴンドラ乗り場で乗客を待っている。

Tony's Column

彼らの話では、ゴンドラをこぐ仕事に就くにはヴェネツィア育ちの男性でなくてはならない、というのが暗黙の了解。その理由として、ゴンドラは男でないと満足に細い運河を操縦できないと考えるからだ。確かに長さ11メートル、重さ600キロの6人乗りゴンドラを、長時間立ったまま操縦するのは楽ではない。しかも左後ろに立っているゴンドリエーレとの体重のバランスをとるために、船の形がまっすぐではなくわずかながら右に曲がっている。

そしてヴェネツィア人でなくてはならない理由は、ヴェネツィア語で合図を送る必要があるからだ。さらに脈々と続いてきた伝統……。

実はここ数年、一人の女性がゴンドラこぎの仲間になろうとした。彼女は男性でもなく、ヴェネツィア育ちでもない。それどころか、イタリア人でもなく、生まれも育ちもドイツ。ヴェネツィアに住み着き、こぐ練習を重ねた彼女は、1999年から2006年までに3回試験を受け、3回とも実践の部分で落ちている。試験中、自分が緊張してちょっとしたミスを起こしたことは認めているものの、EU政府に不服を訴えるなど、審査が公平でないと本人は思っている。

ゴンドラこぎを仕切っている協会は、単に腕の問題だというが、彼女はもう挑戦しないらしい。残念な結末だが、〝初のゴンドリエーラ〟の座はまだ狙えるということを意味する。読者のどなたか、いかが？

ヴェネツィア民謡

今《いま》ゴンドラで
よく歌《うた》われているのは
ナポリの
「カンツォーネ」ですが
オー・ソ〜レ
ミーヨ〜
昔《むかし》はヴェネツィア民謡《みんよう》や
ゴンドラこぎの歌《うた》
哲学者《てつがくしゃ》の ルソーが 聴《き》いたのは ヴェネツィアの 歌《うた》だったん ですよね
そうです
歌手《かしゅ》の
ステーファノさん
偶然にも 私たちの宿の娘さんの彼!!
なので宿で 教えていただきました
「ラ・ゴンドラ」という
歌《うた》を聴《き》く
リゼーッタ
リーゼッター
「ラ・ゴンドラ」
(1800年)
これは リゼッタという 女性を 自分の ゴンドラに 誘う曲
リゼッタ リゼッタ お願《ねが》いだから 船《ふね》に乗《の》っておくれ
そして 2番《ばん》では彼女《かのじょ》が 乗《の》ってくれて…
て感じ

外《そと》には月《つき》があって星《ほし》があって私《わたし》のゴンドラには太陽《たいよう》が乗《の》った
おう ロマンティック
「リゼッタ」を彼女《かのじょ》の名前《なまえ》に変《か》えて歌《うた》ったことありますか
仕事で
もちろん!!
聴きに来ていれば ときどき
「ゴンドラ」じゃなくて「ゴンドーヤ」って歌《うた》ってますよね?
そう ヴェネツィアンは「L」を発音《はつおん》しない傾向《けいこう》があります
「Li」は「り」って言うけど
ルソーが書《か》いたという歌《うた》は?
彼《かれ》は聴《き》いた曲《きょく》を楽譜《がくふ》にしただけですね
イタリア語で
近年発見された楽譜
ヴェネツィアが世界《せかい》で最初《さいしょ》に楽譜《がくふ》を売買《ばいばい》していた場所《ばしょ》と言《い》われてるんですよ
なんでゴンドラでは「カンツォーネ」を歌《うた》うことに?
痛《いた》いところをさわってきましたね……

こぼれ
ばなし

黒《くろ》いゴンドラ

今、ゴンドラはすべて「黒」
これは昔、貴族などが
豪華さを競うように
なったため、1562年に
政府が禁止令を出し
黒に統一されたのだとか

パオロさんおすすめ、地元の人でにぎわってます

Ostaria a la Campana《オスタリア・ア・ラ・カンパーナ》

Calle dei Fabbri, 4720 Venezia　TEL:041-5285170

リド島で一番人気。手作りデザートも豊富

Trattoria Africa《トラットリア・アフリカ》

Via Lazzaro Mocenigo, 9 Lido-Venezia　TEL:041-5260186

トイレ考

イタリアのトイレの形は千差万別
低い…
お尻をつけないから衛生的でしょ和式みたいなものよ
コーディネーター ルイゼッラさん
中腰用
便座が動いて除菌するというものも
「回る」のではなく、形そのものが変わるのです!
あるときは個室から出てきた人が
どうしましょう流すところがないわっ
実はすごく高い場所にあったのでした
160cmの私でギリギリくらい
驚くのは、ドアのカギが差し込み式だったり
なくなったりしないの?
もともとカギがつけられていない場合も
史上最速で!!
ギネスに挑戦
もし開けてしまったら
こっちは固まるのみ…
ミスクージ
と言いましょう

Capitolo 2

Italy ［フィレンツェ＆トスカーナ］

Firenze e Toscana

ルネッサンスの面影が残る
中世の町と田園

絵画修復学校

古《ふる》い絵画《かいが》の修復師《しゅうふくし》を育《そだ》てる学校《がっこう》に1日体験入学《にちたいけんにゅうがく》させていただきました
最初《さいしょ》にいくつかの検査《けんさ》をします
ナタリヤ先生
まずライトの検査《けんさ》に持《も》って行《い》きます
ちょっと手伝って
よいしょ
ガタ
ガタ
ガタッ
今日《きょう》会《あ》った素人《しろうと》に絵《え》まかせてますけど⁉
いくつかのライトを当《あ》てキャンバスや絵《え》の具《ぐ》の状態《じょうたい》を見《み》る
黒いところがペンキ
紫外線《しがいせん》ライトだとどんな絵《え》の具《ぐ》かあるいは過去《かこ》の間違《まちが》った修復《しゅうふく》でペンキを使《つか》ったかがわかります
ほこりなどで絵が黒ずんでいるのは掃除できるので問題は小さいのだとか

そのほかソルベント（溶剤《ようざい》）や温度《おんど》や湿度《しつど》にどのくらい耐《た》えられるかも調《しら》べる
アイロンをあてたりも
次《つぎ》は保護《ほご》
お米《こめ》から作《つく》った和紙《わし》を絵《え》の表面《ひょうめん》に貼《は》ります
和紙といってもイタリア製
ノリは樹液《じゅえき》とロウを混《ま》ぜたものかウサギの「ニカワ」
日本《にほん》には鹿《しか》の「ニカワ」があるでしょ？
また出た！
ありまーす
ノリを付《つ》けるのは
「イギリス国旗《こっき》」というやり方《かた》ね
シワができないように
ほーう
政治問題《せいじもんだい》にはならないんですか
ええ
さらっと
先生すんません
夫の冗談に手を合わせる
それから裏《うら》を掃除《そうじ》します
そこまで終《お》わったのがこれ

メディチ家《け》の別荘《べっそう》にあった作品《さくひん》
でたよメディチ家《け》!!
メディチ家《け》は大富豪《だいふごう》で芸術家《げいじゅつか》などのパトロンでもあった
昔受験《むかしじゅけん》のために何度《なんど》も何度《なんど》も描《か》いたメディチ…
こんな人
しかし芸術家《げいじゅつか》は反発《はんぱつ》もしていてわざと似《に》てないように描《か》いたりもしたって聞《き》いたんですけど…
さあわからないわねぇ
ガチャ
ガチャ
あれ？知《し》らない？
夢？
気に入られるためカッコよく描いてたという説も
さあ？
同じ美大の先輩
そのほか穴《あな》があいていれば埋《う》めたり湿気《しっけ》を取《と》ったりなど何工程《なんこうてい》も
キャンバスを切り貼りして細いテープでびっちりとめていく
嫌いじゃないこういう作業…
ここは国《くに》がやっているんですか？
いえ政府認定《せいふにんてい》の民間学校《みんかんがっこう》です
職人《しょくにん》になるにはこういう学校《がっこう》を出《で》て1～2年工房《ねんこうぼう》で見習《みなら》いをするんです
特別な試験はないので

あれ？ 修復《しゅうふく》する お金《かね》は どこから 出《で》るん ですか？
文化財《ぶんかざい》なら政府《せいふ》から お金《かね》が出《で》るけど 教会《きょうかい》などは政府《せいふ》に頼《たの》むか スポンサーを捜《さが》しますね
日本のTV局もスポンサーですよ
政府も出すけど 絵はすごい数なので キリがないですからねー
文化財《ぶんかざい》などは 文化省《ぶんかしょう》の美術専門家《びじゅつせんもんか》と チームを組《く》むそうです
そして掃除《そうじ》やキャンバスの修復《しゅうふく》が 終《お》わったら絵《え》を直《なお》します
特別に 少しだけ お手伝いさせて いただきました
では ここを 塗《ぬ》って ください
ほ、本物です
すみません
少《すこ》し はみ出《だ》しても 大丈夫《だいじょうぶ》ですが はみ出《だ》さないほうが いいです
ガブリエラ 先生
しかし ものすごく 薄《うす》い色《いろ》を 塗《ぬ》るだけで
次《つぎ》に ニスを 塗《ぬ》ります
まだ全然《ぜんぜん》 隠《かく》せてない ですけど…
一度《いちど》ニスを 塗《ぬ》って また別《べつ》の 絵《え》の具《ぐ》を 使《つか》うんですよ

なぜかと言《い》うと
修復《しゅうふく》したところがわかるようにです
30年後《ねんご》にまた修復《しゅうふく》するかも知《し》れないでしょう？そのとき取《と》りやすいようにしておくんですよ
破損《はそん》したところをわからなくするばっかりだと思《おも》ってた
過去《かこ》の失敗《しっぱい》を生《い》かしたやり方《かた》なんだねぇ
なるほど!!
もちろんかなり近《ちか》くで観察《かんさつ》しないと直《なお》したところはわかりません
少しだけ筆のタッチが違う
トニーは「カカ」を取《と》ることに
「カカ」＝ハエのうんち
ハエのうんちなんて言《い》われなきゃわかんないねー
慎重《しんちょう》にね
トニー慎重《しんちょう》
いいですよー
カリ カリ カリ カリ
そういえば東京《とうきょう》に行《い》ったことがあるんだけどね
「ちょっと」って日本語《にほんご》が便利《べんり》でねよく使《つか》ったのよ…
イタリア語に混ぜたりして
先生見て!! 見てないと!!
カリ カリ カリ カリ カリ

ISTITUTO PER L'ARTE E IL RESTAURO PALAZZO SPINELLI
Via Maggio, 13, 50125 Firenze
TEL: 055-282951　FAX: 055-217963　http://www.spinelli.it

ジュエリー作り

ジュエリーを習《なら》ったのはマルコさんのお店《みせ》
トレードマークはオークの葉っぱ
お店のドアの取っ手にもなってます
店内《てんない》にある工房《こうぼう》にはいろんな道具《どうぐ》が
遠《とお》くのCDプレーヤーも消《け》せるスグレモノです
ピ
ヤスリ
やってもらうのはトラフォーロとチェゼッロですね
トラフォーロ
（繊細に切り取る技法）
チェゼッロ
（立体的に打ち出す技法）
まずは先生《せんせい》に見本《みほん》を見《み》せてもらう
私《わたし》が難《むずか》しいほうのトラフォーロをやります！

あけてある穴に
糸ノコギリの刃を通して刃の張りを調節してから切り取る
一カ所切り終えたら次の穴に移動する
1回《かい》ずつ刃《は》を付《つ》け替《か》えて切《き》るの!?
ギギ
動《うご》かないんだけどっ
あ折《お》れたっ
一方《いっぽう》トニーもまず葉《は》っぱの形《かたち》を切《き》る
プレートも刃《は》も両方《りょうほう》動《うご》かして…
45じゃけぇ
ボクもメガネを…
プレートどこ行《い》っちゃった!?
ココです
もっとソフトにイージーにね
彫《ほ》ったところに出《で》てるから
わかりました

歌《うた》いながらやってみることに
ラ〜ラ〜ラ〜ラララ〜
トニー それは…!?
これは「渋谷流《しぶやりゅう》」です
非常《ひじょう》に不格好《ぶかっこう》ですが手《て》を切《き》りません
じゃあいいですね
自由と書いてあきらめと読む
カッ
さおりは初《はじ》めてにしてはなかなかいいね
二勝としていいですか
フィレンツェの人《ひと》はお世辞《せじ》が上手《じょうず》ですねぇ
フンだ
渋谷流《しぶやりゅう》になんか負《ま》けないぞー
プレートを叩いて立体化する作業中

でも削《けず》りすぎのところは直《なお》せないね
止《と》まらなくなって…
拡大図
歌《うた》ってたからじゃないのー？
いや歌《うた》の効果《こうか》は出《で》てるんです！
普段優しいのにときどきツッコむオーシマさん
これを完成《かんせい》させるにはまだかなり時間《じかん》がかかるけど
でも完成《かんせい》させたいなー
最終的《さいしゅうてき》にはこうなるんだけど…
ムリです!!
「ダーリンは外国人」に続く「根性は豆腐」
トニー　私《わたし》も葉《は》っぱやるよ
どう？できてる？
トントン
葉《は》っぱの真《ま》ん中《なか》の線《せん》は1本《ぽん》でいいはずなのに無数《むすう》にできてる…
たぶん違《ちが》う種類《しゅるい》の葉《は》っぱになってきてるね
雑草《ざっそう》かな
↑だんだんきびしく…

LA BOTTEGA DEGLI ORAFI S.N.C.
Via de' Benci, 20-22/R, 50122 Firenze
TEL & FAX: 055-242026 info@labottegadegliorafi.com

カヌークラブ

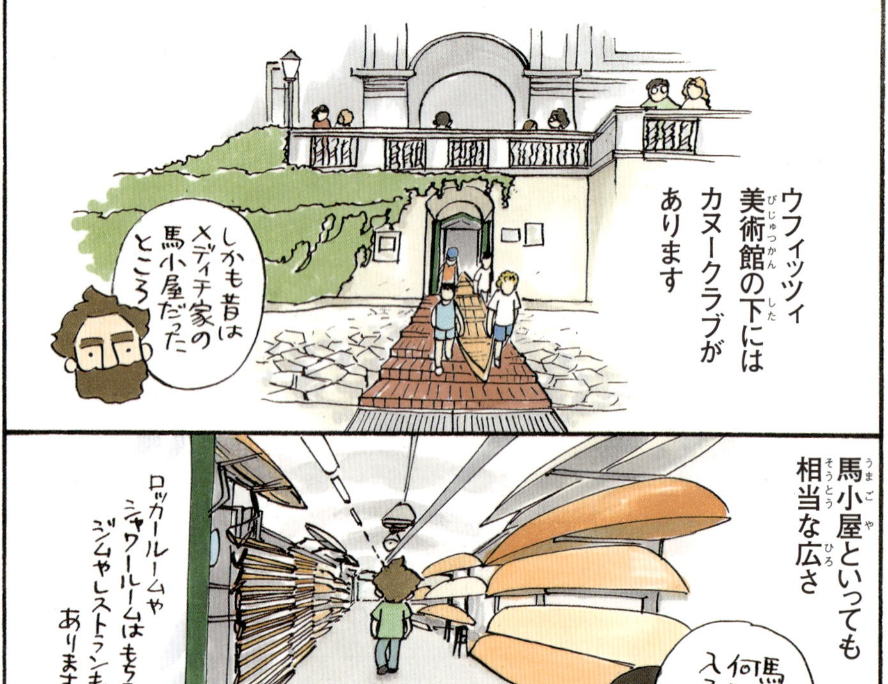
ウフィッツィ美術館《びじゅつかん》の下《した》にはカヌークラブがあります
しかも昔はメディチ家の馬小屋だったところ
馬小屋《うまごや》といっても相当《そうとう》な広《ひろ》さ
馬何頭入るんだ
ロッカールームやシャワールームはもちろんジムやレストランもあります
パシャ
パシャ
シャーッ
本物《ほんもの》に近《ちか》い練習《れんしゅう》もできます
腕をグーッと引っ張ったら背中でもうひと頑張りしてー!!
実際《じっさい》に川《かわ》にも出《で》てみました

あっ
違《ちが》うほうに
動《うご》かし
ちゃった
バキッ
水《みず》の抵抗《ていこう》で
オール
折《お》れました
古かったと
思いますが…すみません
出直《でなお》した
後《あと》は
おう
おう
おう
おう
ぐいっ
ああ
はは
背中《せなか》で
ひと頑張《がんば》り
しすぎだよ
バカだなーもー
ぷ
5分後《ふんご》
おう
おう
おう
水《みず》の「力《ちから》」を
あなどってはいけません

こぼればなし

遺跡《いせき》で足湯《あしゆ》

ピエンツァからシエナに
行く途中 立ち寄った
バーニョ・ヴィーニョーニ温泉
遺跡に細く流れる温泉で
足湯ができます
気持ち
いい〜
入ることは
できませんが
昔の温泉施設も
美しいたたずまい
今も湧いてます

SOCIETÀ CANOTTIERI FIRENZE
Via Maggio, 7, 50125 Firenze
TEL: 055-282130　http://www.canottierifirenze.it

中世料理

中世《ちゅうせい》のイタリアにはトマトがなかったんだよね
そうなんだよね どんな料理《りょうり》だったんだろう
中世料理「ガッロ・ネロ」オーナー マウロさん
中世《ちゅうせい》とは1000～1380年《ねん》くらいのことです
その頃《ころ》のイタリアにはトマトや芋類《いもるい》はなかったですね
中世の旅人の衣装→
店員さんもコスプレ
ハーブや豆類《まめるい》、木《き》の実《み》、小麦《こむぎ》、肉《にく》、魚《さかな》などはありました
パスタはラザニア用《よう》のものだけ
小麦・水・イースト・塩のパスタ
チーズ
かぼちゃ、にんじん、ほうれん草など
細長いパスタを作ったのはレオナルド・ダ・ヴィンチという説もある
今より健康的なラザニアですね
おお

見本として出してくれた
ナッツなど
マウロさん　席はずし中
水《みず》を飲《の》んでお腹《なか》こわしたりするから信用《しんよう》してなかった貴族《きぞく》はワインを飲《の》んでたって
ねー
ポリポリ
もちろんですでも大問題《だいもんだい》があります
水《みず》が汚《きたな》くて野菜《やさい》を洗《あら》えないので虫《むし》がつくのです
食《た》べていいの？
うん
大丈夫《だいじょうぶ》大丈夫《だいじょうぶ》
聞いた？ちゃんと聞いた？
ポリポリ
マウロさん戻ってきた
その頃《ころ》はお風呂《ふろ》もあまり入《はい》りませんでしたから体《からだ》のにおいを消《け》すためいい香《かお》りだと思《おも》われていた玉《たま》ねぎをワキの下《した》にこすりつけたり
においを忘《わす》れて食《た》べるためにスパイスをたくさん使《つか》って料理《りょうり》したのです
シナモンをあぶって香りを身にまとったりも
中世そのままに薄暗い店内
昔《むかし》と今《いま》の味《あじ》の違《ちが》いはなんですか？
昔《むかし》はスパイスとフルーツを入《い》れていたので甘酸《あまず》っぱいものが多《おお》いですね
さてリゾットを作《つく》るため調理場《ちょうりば》へ
高!!
シェフ　ビガシュさん

油《あぶら》のかわりにラードを使《つか》います
高!!
日本《にほん》のラードとは違《ちが》いますね
肉ついてるよ
ごく薄く切る
このまま食べることもあります
きつね色《いろ》になったら玉《たま》ねぎを入《い》れて…
ジャー
おじさん服!! 服!!
もや
や〜ん
きつね!?
ここ何十年《なんじゅうねん》も見《み》てないからねぇ…
どんな色《いろ》だったっけ!?
玉《たま》ねぎどお?
まだだよー せっかちだから きつね色《いろ》まで待《ま》てないんでしょ
わかる
わかる わかる
全員せっかちか
普通《ふつう》はイタリア料理《りょうり》には使《つか》わないですよね?
そこへ生姜《しょうが》を入《い》れます
唐辛子《とうがらし》のかわりに使《つか》ってたんですよ

しばらく炒《いた》めたら
生米《なまごめ》を2～3回《かい》に
分《わ》けて投入《とうにゅう》
ジャ〜
米
ちょっとっ
お米投入《こめとうにゅう》!!
あ
こげるっ
白ワイン
お米入《こめい》れたほうが
いいですよー
ジャ〜
この人
意識を
大気圏外に
飛ばしてるに
違いない
そこへ
鶏《とり》のスープを
少《すこ》しずつ加《くわ》える
鶏肉を
3時間ゆでたスープ
鶏肉《とりにく》も細《こま》かく切《き》って
入《い》れる
これを
20分炒《ぶんいた》める
間《あいだ》に
アーモンド
ソースを
作《つく》ります
お湯《ゆ》で
アーモンドを
ゆでて
皮《かわ》をむき
くだく
ピッ
ピッ
あ
高
くだいた
アーモンドを
牛乳《ぎゅうにゅう》で
軽《かる》く煮《に》る

アーモンドソース入《い》れるよ
あ〜〜〜あ
ここまではうまくいってたのにねーぇ
見てよこの色
おいしそうになったでしょ
夫婦ゲンカはこうして始まる
できあがり
ビアンコ＝白
マンジャーレ＝食べる
昔《むかし》は白《しろ》い食《た》べものと特《とく》に白《しろ》いテーブルクロスが大切《たいせつ》で「ビアンコマンジャーレ」と言《い》われていました
周《まわ》りが汚《きたな》かったのでこれで食《た》べると消化《しょうか》がいいのではと思《おも》われていたんです
私《わたし》たちのはブラウンマンジャーレになっていたけどおいしかった
生米で意識飛ばしてるときこげたよね…
こぼればなし
イタリアの警官が持っているポシェットはなんだかかわいい
ポシェット
色を少し変えたらどこかのデザイナーの春夏コレクションにありそう….
マウロさんのおすすめ
VIN BRULE《ヴィン・ブルレ》
1）赤《あか》ワインを温《あたた》める
2）グローブとシナモンを入《い》れる
このマントの下は何を？
温かいうちに飲むとカゼにいいですよ
Tシャツです…

GALLO NERO
Via del Porrione, 65/67, 53100 Siena
TEL: 0577-284356　FAX: 0577-284346　http://www.gallonero.it

旗振り

「旗振り」は
イベントなどで行われる
伝統的なパフォーマンス
ドーン
ドン
ドン
1500年頃、軍隊において
旗で交信していたのが
始まりだとか
参加する女性は
私が初めて
飛びかう大旗
私の先生
ロレンツォさん
女性には
イケメンの
先生を
用意しました
トニーの先生
英語が話せる
アランさん
きめ細やかな心配り…
この道22年
レオナルドさん
あぶないっ
えっ
別の
練習中で
背中向けてた
トニーが
初めて
頭上に
旗を投げたとき…
本当に
上を狙った…？
タイコ
アルくん9才
ピエールイージさん
これからどんな
美人が来ても
「残念ながら
きみは二番だよ」
って言ってくださいね！
わかりました
よ
旗を投げて交換する
演技など いたしました

BANDIERAI DEL CORTEO DELLA REPUBBLICA FIORENTINA

ペコリーノ・チーズゲーム
ピエンツァという街《まち》の中心《ちゅうしん》にある広場《ひろば》で行《おこな》われるこのゲーム
「フーゾ」を一周《いっしゅう》するようチーズを転《ころ》がすことを競《きそ》います
「フーゾ」（糸巻き）
もともとは本物《ほんもの》の糸巻《いとま》きを使《つか》ってキッチンで遊《あそ》んでいました
ニッコロさん
2002～2006年 優勝チーム 「プラト」のレモさん
毎年《まいとし》9月1日《がつついたち》に6チームが出場《しゅつじょう》する大会《たいかい》が開《ひら》かれています
まずはチーズを選《えら》びにお店《みせ》へ
どんなチーズがいいんですか？
ナナメのものですね
カーブするように

いきなり店内《てんない》で転《ころ》がしてみる
これはいいチーズだね
いいの？
試《ため》せるの大好《だいす》きなトニー
こんなことしていいなんてすばらしい!!
それは曲がりすぎかな
チーズが決《き》まったところで
試合《しあい》どうでしょう
押忍
ということでそれぞれチームのスカーフを巻《ま》き始《はじ》めた
なにか巻《ま》くものがいるよ!!
え〜〜
今、手元にこれしか…
授乳用スカーフ
チーム授乳
ほかにはないんだね？…
3投《とう》ずつで競《きそ》うことに
出場6チーム
「カゼ・ヌォーヴェ」アドリアノさん
オスカールさん「サン・ピエロ」
「プラート」レモさん
「チーム授乳」
「カゼッロ」ニッコロさん
「サン・ピエロ」のスカーフ借りました
1番《ばん》アドリアノさん
1投目《とうめ》は遠《とお》かったが2投目《とうめ》に

おお〜
10点《てん》
3投目も
8点とかなりの高得点
点数《てんすう》は
細《こま》かく
決《き》まって
います
意外と
フーゾに
当たっても5点
コッ
5点
↑
↓
10点
遠ければ
0点
2点
など
レモさん
2投《とう》目《め》に
8点《てん》を出《だ》し
手堅《てがた》く11点《てん》
ニッコロさん
1、2投《とう》
痛恨《つうこん》の0点《てん》で
3点《てん》
オスカールさん
1投《とう》目《め》
かなり回《まわ》ったけど
惜《お》しくも4点《てん》
2投《とう》目《め》ぶつかって5点《てん》
チーム授乳《じゅにゅう》
2点《てん》
4点《てん》

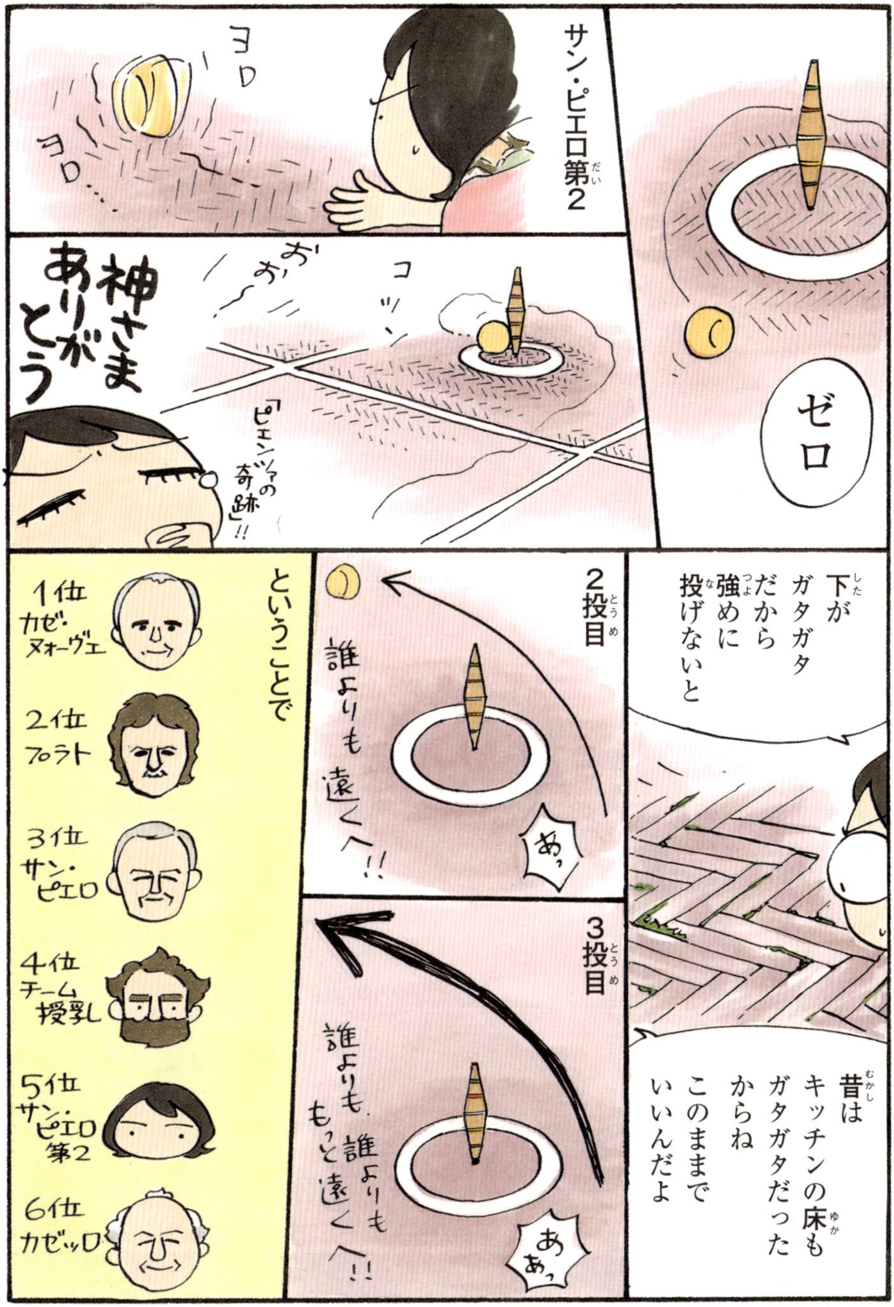
ゼロ
サン・ピエロ第《だい》2
ヨロ
ヨロ…
おお〜
コツン
神さま ありがとう
「ピエンツァの奇跡」!!
下《した》がガタガタだから強《つよ》めに投《な》げないと
昔《むかし》はキッチンの床《ゆか》もガタガタだったからね このままでいいんだよ
2投目《とうめ》
誰よりも遠くへ!!
あっ
3投目《とうめ》
誰よりも、誰よりももっと遠くへ!!
ああっ
ということで
1位 カゼ・ヌオーヴェ
2位 プラト
3位 サン・ピエロ
4位 チーム授乳
5位 サン・ピエロ第2
6位 カゼッロ

みんな頑張《がんば》りましたね
特《とく》にトニーは本当《ほんとう》のゲームに参加《さんか》できるくらいだよ
副市長
9月に来てください
トニー一勝
見込《みこ》みあるね うちのチームに来《き》て
じゃあ私《わたし》は日本《にほん》の台所《だいどころ》で練習《れんしゅう》してきます!!
小《ちい》さいところじゃダメだよー
じゃあ家《いえ》を買《か》うところから!!
固《かた》い豆腐《とうふ》で!!
皆《みな》さんも家《いえ》で練習《れんしゅう》するんですか?
いーや
大会《たいかい》当日《とうじつ》の朝《あさ》だけだね
気軽っすね
続《つづ》いて「パンフォルテ」を投《な》げるゲーム
「パンフォルテ」
アーモンドや小麦粉、はちみつ、スパイスなどで作ったクリスマスの固いお菓子
PANFORTE
ドン!
2m
端に近い人が勝ち
イタリアのキッチン広いわ〜〜

広場《ひろば》に持《も》ってきてもらった
テーブルでやってみる
だんだん みんな夢中に
ドン
ちょっと 貸《か》して
通りすがりの おばさん乱入
ドン
ねっ
おお
知《し》らない人《ひと》が ばんばん混《ま》じってくる
私も 私も
あと 「ルッツォラ」って いう遊《あそ》びが これ…
木や鉄など
あのねー うちの夫《おっと》が イタリアの チャンピオン シップに出《で》て ね…
子供《こども》の 頃《ころ》に…
その場《ば》にいる 全員《ぜんいん》が話《はな》す 事態《じたい》に…
わー
わー
大会では 夫が
私の チームで
昔 子供の とき
イタリアでは よく見るなー この感じ
そもそもは
それでね
とにかく
ペコリーノ・ チーズゲーム 最高《さいこう》!!
あえて まっすぐ 転がさない ところが いいよね!!

「チーズ転がし」

「食べ物で遊ぶな」、そうしつけられて育った。でも、食べ物に限って言えば、「遊ぼうよ！」と訴えてくるものが多いではないか。

丸い果物が丸いのは、キャッチボールができるためだ。豆だって節分のときだけではなく、「いつでもまかれたい」という顔つきをしている。チーズだって、円盤になっているのは決して偶然ではなく、その形で「思い切って転がして」と叫んでいるのだ。

カチオ・アル・フーゾというチーズゲームに参加しているピエンツァの男たちは、町の自慢のペコリーノ・チーズのラブコールを受け、それにきちんと応えて遊んでいる。チーズは食べるものである前にオモチャでもある、ということをわかっていない世界中のお母さんたちに怒られる覚悟で、誇らしげに転がし続けている。最初はこっそりと自分の家の台所で、やがて堂々と町の中央広場で。僕は彼らの勇気に敬意を表する。

一見して、ゲームはボーリングやダーツに似ているように見える。しかし、

Tony's Column

やってみれば違いがわかる。単に的に当てたり、近づけたりすればいいものではない。チーズが通った経路（的を一周回ったかどうかなど）も大事。それに、このゲームには〝運〟の要素が意図的に加えられている。

ボーリングは、コースを外れないようにきれいな球体をスムーズなレーン上に転がすのに対して、カチオ・アル・フーゾはあえて変形しているチーズをボールにして、窪みだらけの石畳広場で行う。いくら腕を磨いても、凸凹と運の悪戯にはかなり翻弄される。コツがあるとすれば、それは体の揺れを最小限にするため、腕をフルに伸ばして、指や手首だけでチーズを投げること。そして、祈ること。

ピエンツァのチーズ転がしに感覚的に似ている遊びは、実は、日本にある。お座敷芸として江戸時代から親しまれてきた〝投扇興《とうせんきょう》〟。開いた扇子を投げ、小さな蝶形の的を台から落とそうとするのだけれど、〝蝶〟をただ倒せばいいわけではなく、的、台と扇子のそれぞれの最終的な格好が大切になる。そして、扇子をわざわざ縦に半回転をさせながら投げるのだ。この半回転で、空気との摩擦によって扇子の動きが大きく左右される。チーズ転がしと同じような運の要素だ。

食べ物はまずオモチャである。そろそろ「食べ物で遊ぶな」というしつけを「遊んでからちゃんと食べなさい」に変えてもいいのでは。

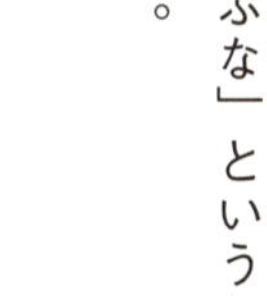

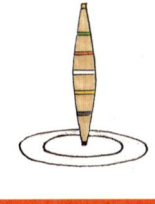

ワイン・テイスティング

私《わたし》たちが泊《と》まった
アグリツーリズモでは
ワインやオリーヴオイルを
作《つく》っていました
ワイン蔵にて
さっそくワインを
ついでくれた…と思《おも》いきや
オーナー
ロベルトさん
あら？
洗《あら》ってる？
ワインを注《そそ》ぐ前《まえ》に
ワインで洗《あら》うと
いいんですよ
洗剤《せんざい》とか
いろんなにおいが
付《つ》いていても
流《なが》せるからね
それからワイングラスは
大《おお》きいほうが
ワインの力《ちから》がわかります
香りが広がるから
チューリップ
あと抜《ぬ》いた
コルクをまた
使《つか》わないこと
ゴミ入るし
よく見る
大きさ
もちろん
おいしい
!!
オーシマさん
料理本多数担当の
料理上手

Agriturismo IL SERRAGLIO
Via della Montagna, 11, 53045 Montepulciano-Siena
TEL & FAX: 0578-798239　http://www.ilserraglio.it

「ワイングラスを片手に」

6、7才のときから一年に一度だけ、12月24日に、少しばかりのワインを飲まされてきた。決まりとして、それはハンガリーの透明な黄金色のワインだった。毎年この日に家族全員揃っての、このちょっとした儀式を行うのは、クリスマスを祝うと同時に、家族の絆を再確認するためだったのだろう。

子どもであった僕は、そのワインを飲んだ瞬間、首の後ろ辺りにジンジンと痺れるような感覚を覚えた。愛想笑いでニコニコしていたものの、いつもいやいやながらその乾杯につき合っていた。大人の味が子どもに理解できないのは当然。大きくなったらおいしさがわかるだろうと思っていたのだが、そうでもなかった。

ロベルトさんのワイン貯蔵室で飲ませてもらった自家製ワインはおいしいものだった、きっと。彼は自分の土地で、その土地に一番適した葡萄を栽培し、有名なフランス産のオーク樽でワインを醸造し、瓶もコルクも、自分で選んでいるらしい。

Tony's Column

ロベルトさんは高そうなグラスにそのワインを注ぎ、皆の顔をじっと見ながら感想を待った。僕は素直に「おいしい」と言った。けっして嘘ではなかった。しかし、本当のところ、僕にはそのワインがどのくらいおいしいか、よくわかったわけではなかった。

もちろん、「さっぱりとした酸味を持っている」とか「熟したスグリの香りが口に広がるね」とか言って、わかっていそうな顔でごまかしてみることはできる。しかし、相手にバレたときは、こちらが恥ずかしい思いをするだけでなく、相手にも失礼だ。なので、ひとまず「おいしい」と。

ソムリエでもない限り、真剣にワインだけを評価する必要はないのではないか。むしろワイングラスを片手にパンやチーズなどを食べながら、気の置けない仲間たちとワイワイ味わったほうが、楽しい経験になりそうな気がする。ワイン・テイスティングはワインが脇役。ジンジンとくる僕にとっては……。

葡萄の収穫を手伝わせてもらったときに聞いた話。イタリア北部、フリウリ・ヴェネツィア・ジュリア州のある地域は、かつてオーストリア・ハンガリー帝国の一部だった。今でもそこには黄金色のワインがある。

これは僕が毎年クリスマスに口にしていたものと名前までも同じく、「トカイ」。でも、ワインがわかる人の話によれば、味はだいぶ違うとか……。

トリュフ狩り
朝《あさ》9時《じ》 ミントの香《かお》り ただよう森《もり》に
3匹《びき》の犬《いぬ》とともに やって来《き》ました
トム
アル!
ディアー!
ここでは 白《しろ》トリュフが 採《と》れます
高いもので 1kg 4000ユーロぐらい
うお〜〜
オーナー
ロベルトさん
森《もり》の中《なか》へ
アルベルトさん
クァ!クァ! ダイ!ダイ! トム クァ!
ワン
なんて 言《い》ってるの?
クァ=ここ
ダイ=やれ
ジュ=下《した》
ラ=そこ
ね
ルイガッラさん
本日 戦闘態勢
4ケ国語話す 運転手 イラリアさん
えらい軽装
森に入らない予定かミュール

この日《ひ》の早朝《そうちょう》に雨《あめ》が降《ふ》ったため
ワン
ワン
ワン
ワン
トリュフのにおいがわからなくて迷《まよ》ってる
迷《まよ》いついでにやって来《く》る犬《いぬ》たち
人間《にんげん》も多《おお》くて集中《しゅうちゅう》できてないね
モッコモコのドロッドロ
ワン
ワン
ラ!
ラ!
トゲのある木《き》も多《おお》い
攻撃する気マンマン
いたっ
それでもだんだんと奥《おく》へ
ふー
ずいぶん来《き》たよね…
夫婦ともパンツをくつ下に入れている
ひら
イラリアさん!?
あなたもここ初めてなのに!?
ときどき1匹《びき》がなにかを見つけて掘《ほ》っていると
よーしよしよし
キャーン
掘る道具

たちまちもう1匹乱入《びきらんにゅう》
わかった
わかった
キャ
ワン
ワン
オレの手柄に
いやオレのオレの
あー小《ちい》さい
10gくらいか
小《ちい》さいと逃《に》げます
ピューーッ
でも犬《いぬ》はトリュフ食《た》べないからねー
昔《むかし》は豚《ぶた》も使《つか》ってたはずだけど
豚《ぶた》はね 見《み》つけたら「ブーッ」て食《た》べちゃうことあるから
「食《た》べるな」って言《い》ってもね「食《た》べるーっ」て!「ブーーーッ」て!食《た》べちゃうんだ
ブーーーッて!!
なぜか豚について熱くなる男
なかなか見《み》つからないねー
普通《ふつう》は朝《あさ》5時《じ》に来《く》るから遅《おそ》かったかも
おおっ発見《はっけん》した!?
ブラーボブラーボ
(すばらしい)
またオレがオレが状態
ワン
ワン
見つけたのはベテラントム
ホラここ
前《まえ》のより大《おお》きいね
30gかな
シロートには石としか…

でも穴《あな》が あいてるから 虫《むし》が入《はい》ってるかも 少《すこ》し味《あじ》や香《かお》りは 変《か》わるかもね
そういうのは 瓶入りやペーストにしたり チーズに入れるのだとか
今《いま》はまだ 早《はや》いから 10月《がつ》と 11月《がつ》は もっと 採《と》れるよ
あと 満月《まんげつ》や 新月《しんげつ》のとき
トリュフの においが もっとするから もっと採《と》れる
おっ
そんな話 好き!!
月《つき》の満《み》ち欠《か》けが 載《の》ってるカレンダー 持《も》ってるよ
すごい トリュフ 専用《せんよう》の？
いや 銀行《ぎんこう》で もらったの だけど
自然《しぜん》は 月《つき》の動《うご》きに 沿《そ》ってる からね
採《と》れたトリュフは レストランで 食《た》べさせて もらいました
削って
バターのタリオリーニ
いいねー トリュフ狩《が》り！ 森《もり》へ入《はい》る 言《い》いわけになるもん 最近《さいきん》人《ひと》は 森《もり》とか行《い》かない じゃない？
「森《もり》へ 帰《かえ》れ!!」 って感《かん》じ
やっぱり… クマなの？

ソーセージ作り
今回《こんかい》ソーセージに使《つか》ったのは「チンタセネーゼ」という種《しゅ》の豚肉《ぶたにく》
チンタ＝ベルト
やや黒みがかっている
まず酢《す》で手《て》を洗《あら》ってください
豚の飼育者ジェラルドさん
酢だとバイ菌を殺せるからね
ソーセージの分量《ぶんりょう》
豚《ぶた》ひき肉《にく》……5kg
塩《しお》……100g
こしょう……40g
にんにく……1片《ぺん》
赤《あか》ワイン……200 cc
あれば羊《ひつじ》の腸《ちょう》……適宜《てきぎ》
同じ割合で分量を減らしてもOK
羊《ひつじ》の腸《ちょう》は一番《いちばん》薄《うす》くて強《つよ》いんですよ
ぬお〜〜
羊《ひつじ》の腸《ちょう》も酢《す》と水《みず》で洗《あら》う
や・わ・ら・か・い・・・
酢＋水
少し入れて腸の最後まで通す
塩《しお》・こしょう・すりおろしたにんにく・赤《あか》ワインを豚《ぶた》ひき肉《にく》に混《ま》ぜ30分《ぷん》ねかせる
できるだけよく混ぜて

Azienda Agricola “GIANCARLO TOSO”
Strada per Cosona, 53026 Pienza-Siena
TEL: 348-0175973　FAX: 339-1227084　http://www.poderespedalone.it

ぶどうの収穫

「小人の靴屋」
小人が夜中にこっそり
靴を大量生産し
靴屋のおじいさんを助けた話
収穫大変ですねー
「小人の靴屋」が来て
やっといてくれるって
ことはないの？
イノシシや
鳥は
来るけどね
ぶどう食べちゃうよ
オーナー
ルッカさん
ちょっとお手伝いしました
動物よけの
ネットは
しないんですか
鳥が
ぶどうを食べて
私たちが
鳥を食べる
それが
ライフサイクル
だからね
仕方ないなー
かっちょよろしいなー

ちなみに漫画家は
締め切り前に
あ〜
もうダメだ
「小人の靴屋」
来てくれない
かな〜
来てくれても
朝
できてるのは
靴だよ!?
だから頑張ろうよ!!
と言ったりします

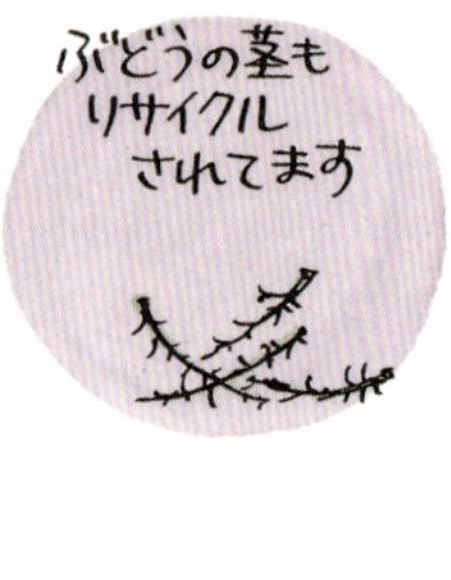
ぶどうの茎も
リサイクル
されてます

GATTAVECCHI S.R.L.
Via di Collazzi, 74, 53045 Montepulciano-Siena
TEL: 0578-757110　FAX: 0578-758644　http://www.gattavecchi.it

フィレンツェ名物のステーキは迫力ある大きさ

Ristorante “Il Buco”《リストランテ・イル・ブーコ》

Via della Pace, 39 Chianciano Terme-Siena TEL:0578-30230

野菜のグリル
€4.00
ミートソースの自家製手打ちパスタ
€7.00
Pici(ピーチ)と
言われる伝統的な麺
大変にうどんっぽい
フィオレンティーナステーキ
€3.50/100g
柔らかいだけが
肉のおいしさじゃないと思う
噛みごたえがあって
味わい深いです
ペコリーノチーズのラビオリ
€7.00

古い教会を改装した店内は雰囲気たっぷり

Osteria Antica Mescita《オステリア・アンティカ・メシタ》

Via San Niccolò, 60R Firenze TEL:055-2342836

コロナートのラルドと温かいパン
「中世料理」で
使った「ラード」
舌の上でとろけます
生ハム
トマト
ラタトゥイユ
ミックスブルスケッタ
€6.10
パンと野菜のスープ
€5.80
野菜のクスクス
€8.90
梅とりんごの豚ステーキ
€8.90

グラッツェ

とあるホテルでオーシマさんが部屋《へや》を替《か》えてもらった
13号室《ごうしつ》になってしまうんだけど…
スタッフ
大丈夫《だいじょうぶ》？ほら「13」って数字《すうじ》は嫌《きら》う人《ひと》が多《おお》いし…でも部屋《へや》はほかに空《あ》いてなくて…
ベビーシッターなどのためちょっと同行していた兄
ええ
ええ
兄《あに》は全《まった》く言葉《ことば》がわからないまま聞《き》いていたが
こんなに一生懸命《いっしょうけんめい》説明《せつめい》してくれとるんやからお礼《れい》言《い》わなあかんな…あれ？「ありがとう」ってなんて言《い》うんやったっけ？
あれ？本当《ほんとう》なんやったっけ
ド忘れした
早《はや》く思《おも》い出《だ》さんと話終《はなしお》わってまうなんやなんや「ありがとう」って
あー話終《はなしお》わったあかん早《は》よ早《は》よ「ありがとう」「ありがとう」あっ思《おも》い出《だ》した!!
ボンジョルノ!!
きょとん…
なぜ今になって「こんにちは」？

Capitolo 3

Italy ［ローマ&近郊］

Roma e Dintorni

世界遺産が建ち並ぶ、
ロマンあふれる永遠の都

グラディエーター訓練

ローマで
グラディエーターの
訓練《くんれん》…と聞《き》いて
観光客《かんこうきゃく》向けの
大《おお》がかりなものを
想像《そうぞう》していた私《わたし》
コロッセオが
壮大なせいか
ここです
復元された
武器など
ん？
意外と
小さい
？？
手作り〜〜
まず
博物館《はくぶつかん》へ
どうぞ
博物館会長
オメロさん
武器なども
本物そっくりに手作り
グラディエーターの
戦《たたか》いはもともとは
重要人物《じゅうようじんぶつ》が
亡《な》くなったとき
神《かみ》の怒《いか》りを
しずめるために
行《おこな》っていたんですよ

それが人気《にんき》だったためイベントになったのだとか
犯罪者《はんざいしゃ》もやらされたけどお金《かね》がもらえたので志願者《しがんしゃ》もいました
負《ま》けたら誰《だれ》か死《し》ぬのか死《し》なないのかを決《き》めます
観客《かんきゃく》の声《こえ》を聞《き》いて決定《けってい》するのはイベントの企画者《きかくしゃ》です
「死」を要求するときは
親指を下に
イベントのために誰《だれ》か死《し》んでたの!?
一般的《いっぱんてき》には死《し》にませんが10人《にん》にひとりくらい…死刑《しけい》が決《き》まっていた人《ひと》とかですね
でも10回勝てば自由の身
木の剣をその印としてもらえた
じゃあ訓練《くんれん》を始《はじ》めますので着替《きが》えてください
パ…パンツはいたままでいいですか
責任者ネローネことセルジョさん
着替《きが》えまして
二人とも平和主義です

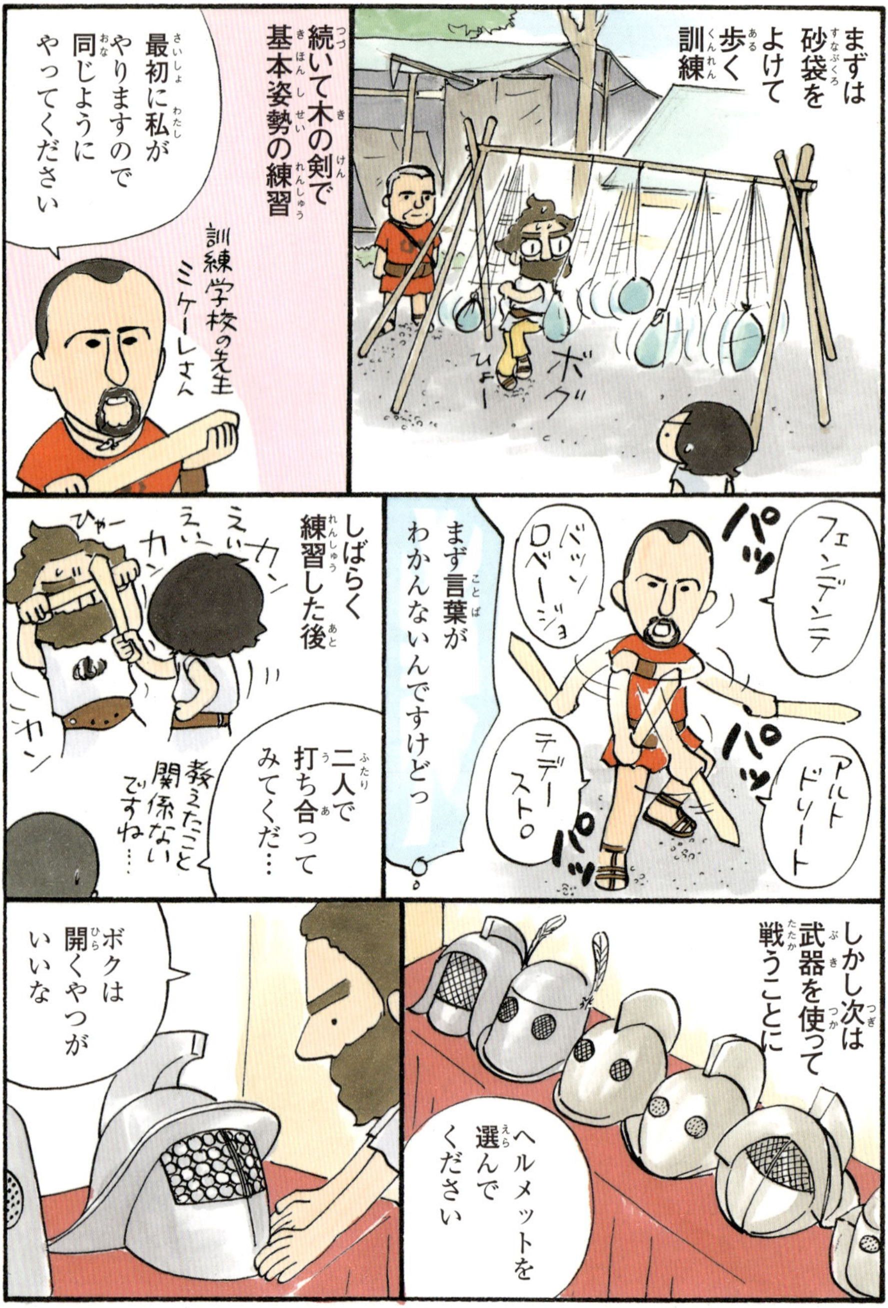
まずは砂袋《すなぶくろ》をよけて歩《ある》く訓練《くんれん》
ボグ
ひょー
続《つづ》いて木《き》の剣《けん》で基本姿勢《きほんしせい》の練習《れんしゅう》
最初《さいしょ》に私《わたし》がやりますので同《おな》じようにやってください
訓練学校の先生ミケーレさん
フェンデンテ
パッ
バッソロベージョ
アルトドリート
パッ
テデースト。
パッ
まず言葉《ことば》がわかんないんですけどっ
しばらく練習《れんしゅう》した後《あと》
えい
えい
カン
カン
ひゃー
カン
二人《ふたり》で打《う》ち合《あ》ってみてくだ…
教えたこと関係ないですね…
しかし次《つぎ》は武器《ぶき》を使《つか》って戦《たたか》うことに
ヘルメットを選《えら》んでください
ボクは開《ひら》くやつがいいな

私《わたし》は…
軽《かる》いの
これしかない
視野《しや》狭《せま》っ!!
どれも
ハンディキャップを
つけてあるんですよ
このヘルメットは
全体的《ぜんたいてき》に見《み》にくい
でもこのヘルメットの人《ひと》が
戦《たたか》う相手《あいて》は
ネットが武器《ぶき》でした
トニーのヘルメットはすぐ捕まってしまうが
私のだとひっかかりにくい
実《じつ》はグラディエーターは
武器《ぶき》やヨロイによって
何種類《なんしゅるい》かに分《わ》かれているのです
トニーはこのタイプ
上と横が見えないヘルメットに小さなタテ
私《わたし》は戦《たたか》う場所《ばしょ》まで
歩《ある》くにも
とぼとぼ…
はずれないよう手袋をして剣をはめこむ
剣重い

戦《たたか》いも
ゴン！
いたっ
訓練学校の生徒アレッシオさん（20才）
外は雨なので小屋の中です
では私《わたし》たちの戦《たたか》いを見《み》せますね
カン
ぐっ
一気に変わる人相
カン
カン
カン
あぶねえっ
これ殺しにいってるって
今ちょっと指切ったけど大丈夫です－
彼はいつもオープンフェイスのヘルメットを選ぶので口の横を4針ぬったこともあるらしい
私がお母さんならちょー怒ってるところだよ

ところで今日《きょう》の運転手《うんてんしゅ》さんは
ちょいワルダビデさん
皮→
ヒマなのでかぶってみる
写真…
プルリピー
電話かかってきた
プロント（もしもし）
そのまま歩き回っていた
新しい生物か
そんな彼《かれ》の好《す》きなものは
アニメ釣りキチ三平
あとキャプテン翼

ミケーレさんも着替えたらルパンのTシャツ
ジゲンとゲーモンが…
→ごえもんのこと
みんなで日本《にほん》のアニメの話《はなし》で盛《も》りあがっておりました
「ドラゴンボール」の…

こぼればなし

ライト

教会など、ちょっと暗い観光地にはコンピューターライトが設置されていることもあります

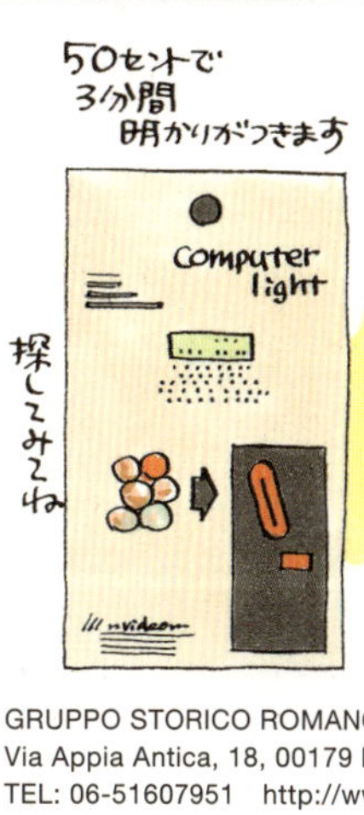
50セントで3分間明かりがつきます
computer light
探してみてね

GRUPPO STORICO ROMANO
Via Appia Antica, 18, 00179 Roma
TEL: 06-51607951　http://www.gsr-roma.com

カプチーノ

今日《きょう》の先生《せんせい》は
※バリスタの
イタリア大会《たいかい》3位《い》
バール オーナー マルコさん
コーヒーが おいしいか おいしくないかは 見《み》てわかります
エジプト出身 イタリア在住15年
カプチーノの絵《え》を 習《なら》いたいって… カフェをやるつもりじゃ ないですよね？
実はマンガに疲れ…
ギクッ
まず次々《つぎつぎ》に見《み》せてくれる
ミルクをのせてみて なにに見《み》えるかを 考《かんが》えて 仕上《しあ》げるんです
動物が得意
これはなにに見《み》えますか？
なんだろう… フクロウとか？
チョイー チョイー
なにかの動物《どうぶつ》ですね
呪いのマルチーズ…って感じ？

※バール(bar)でエスプレッソなどをいれる人

じゃあやってみてください
え
なにも教わってないんすけど…
エスプレッソ
ミルク
むつかしそう
むつかしそう
もう飲んで忘れるっていうのはどうかな
どお？
えーとどんどんおいしいカフェ・ラッテになってきています
ミルク、浮かず
カプチーノ＝泡立てたミルクが入っている
カフェ・ラッテ＝温めたミルクが入っている
ミルクを回《まわ》して上《うえ》のほうを使《つか》ってのっけるように
コーヒーもミルクもうまくできてないとダメです
いいミルクができているかは音でわかります…
説明てんこ盛り
できない…
2杯目《はいめ》も
ミルクを
回しながら…と
グルグル
ミルクは回《まわ》しすぎてもダメですよ
少《すこ》し浮《う》きましたけど…
これはなにに見《み》えますか
んー「2羽《わ》のフラミンゴ」です
フラミンゴってなんだっけ
ピンク色《いろ》で片足《かたあし》で立《た》ってる…
エリザさん
サルデーニャにはフラミンゴが飛んできてますが

ああ
これは鳥《とり》とは関係《かんけい》ないです
ええっ
全否定
野《の》の花《はな》ですね ツル科《か》の小《ちい》さな花《はな》 想像力《そうぞうりょく》が大事《だいじ》ですよ
すいません
エジプトもコーヒー文化《ぶんか》がありますけど イタリアに来《く》る前《まえ》から関係《かんけい》あったんですか？
いやないですよ
長い休みにイタリアでバール勤めはしてたけど
実《じつ》は私《わたし》数学《すうがく》をやっていて すべて理論《りろん》で説明《せつめい》できるんですよ
ミルクが泡立《あわだ》つのは物理《ぶつり》だし
例えばコーヒー豆は
細かくて空間がないほうが水が下に落ちるのに時間がかかっておいしい
おいしいコーヒーの見分《みわ》け方《かた》は？
おいしいものは上《うえ》にのっている泡《あわ》がヘーゼルナッツの色《いろ》をしてるんです
トニーも挑戦《ちょうせん》
ボクは「くじら」を作《つく》ります
突然のくじら宣言
見せてやれぇー
いけー!!
カフェ・ラッテになってますけど…
…どお？

ER BARETTO
Via del Boschetto, 132, 00184 Roma
TEL: 06-4820444

モザイク
モザイクはイタリアの伝統《でんとう》のひとつ
石《いし》を使《つか》ったモザイクのレッスンを受《う》けました
ICO LAV
最初《さいしょ》に絵柄《えがら》を考《かんが》えます
先生 フランスァーズさん
初《はじ》めてならパターンでやったほうがいいと思《おも》いますよ
「絵」は時間がかかって大変です
しかし私《わたし》かなり悩《なや》んだあげく
魚《さかな》を描《か》きたいです!!
いいわよー
最後《さいご》まで悩《なや》んだのはこの人《ひと》
悶 悶 悶
大丈夫《だいじょうぶ》?
幼稚園《ようちえん》の頃《ころ》から一番最後《いちばんさいご》でしたから気《き》になさらず…

LIGNARIUS
Via Mecenate, 35, 00184 Roma
TEL: 06-4885079　FAX: 06-4883171　http://www.lignarius.net

パスクイーノ広場

それは
ほんの小さな広場なのですが
みんな言いたいことを
貼っていくのだとか
ちょーど いい!!
ここで
訴えようよ
アレを
そうだね
紙とペン……と

私たちが困っていた「アレ」とは…

レストランの
夜の開店時間が
遅いこと!!
開店が
8時半!?
最遅記録
食事自体も
時間がかかるので
店を出るのが
10時すぎることも
しばしば…

なので
貼ってきました
VOGLIAMO CHE NASCANO
DEI RISTORANTI DOVE
POTER MANGIARE GIÀ
ALLE 18!!!
Saori & Tony
レストランを
18時に開けてください!!!
しかし後で聞いたら
もっと政治的な主張が多く
しかも自分の名前は書かずに
パスクイーノのセリフとして
言わせるのが
伝統だったようです
私たちはサインした上に
ごはん問題で
すみません…

Tony's Column

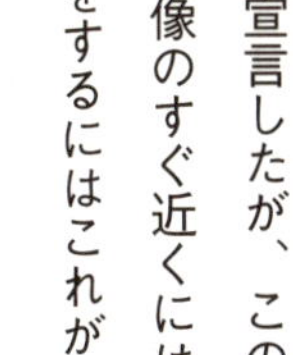

「しゃべる銅像」

匿名で政府や世情に対して批判することはネットが普及した現在では日常茶飯事だ。しかしパソコンの「パ」の字すらなかった16世紀のローマでも、同じようなことが起きていた。

ナヴォナ広場近くの街頭に、通称パスクイーノという壊れかけた小さな像が立っている。１５０１年に、この土地の地主だったカラファ枢機卿は広場の整備工場で掘り起こされたパスクイーノをここに置き、一年に一回のイベントとして地域住民に、〝詩〟をその台座に貼り付けるよう呼びかけた。

主催者の期待とは裏腹に、これをきっかけに、夜中に多くの人がこっそり痛烈な〝風刺詩〟をこの像に貼るようになった。当局が詩を貼っている人を捕まえようとすると、今度は街のあちこちに立つ像にまで張り紙がされるようになった。これらの銅像は〝物申す像〟と呼ばれるようになり、パスクイーノを由来して風刺を意味する〝パスクイナータ〟という言葉も誕生した。政府は18世紀に、風刺詩を貼る者を死刑にすると宣言したが、この習慣は生き残った。

銅像に詩を貼るには糊がいる。この像のすぐ近くには文房具屋があり、店長は微笑んで言った。「パスクイナータをするにはこれがぴったりだよ」。

セグウェイ

セグウェイに乗るため ポポロ広場へ
まずは簡単な操作説明
マルコさん
ガクガク
足の位置が 前すぎても 後ろすぎても 不安定です
許可を取ってある 近くの道は 行ってもOK
あっ
ガクガク
でも人に 注意して いないと 危ない!!
フィレンツェ駅では 警官が 乗っていて
自慢気〜〜
クル
クル
クル
POLIZIA
回るの 気持ちいいから わかるわー 今なら
でもかなり 目立つ… ちょっと 恥ずかしい…
ボクにも ちょっと乗らせてーっ
ROMA ELECTRIC TOUR SAS
Via G.B. Vico, 14, 00123 Roma
TEL: 380-3012913　http://www.segwayroma.net

遺跡の猫

いたるところに猫の姿が
街中にある遺跡 トッレ・アルジェンティーナ
シーザーがブルータスに暗殺された場所らしい
スタッフ デボラさん
全部で250匹くらいですね
いつも里親や寄付を募集しています
障害のある猫も何匹か
年間 200〜700匹 捨てられる猫をボランティアが面倒みています
イタリアでは91年に動物を殺さない法律ができたのでこの猫たちは幸せだとも言えますね
↓地下には ズラリと並んだケージ
私たちは 水をあげたり 掃除を手伝ったり
デボラさんの飼い犬も 一匹います
一匹ずつに名前をつけるから大変… ルネッサンス時代の名前から ハリウッド・スターまでいますけど トム・クルーズとか

TORRE ARGENTINA CAT SANCTUARY
Via Marco Papio, 15, 00175 Roma
TEL: 06-45425240　http://www.romancats.com

バチカン市国

今回普通は入れない場所まで入ったのですがビデオを撮っていたら
この辺
ガソリンスタンドは撮っちゃダ×です
防犯上の理由からだそうです
インタビューに答えてくれたのは
スイス衛兵 ティツィアーノさん 32才
警備はキャリアを積むごとに入り口のほうから法王に近づいていきます
建物の入り口としてはここが一番法王に近いです
↖彼はリーダー
その服…クリーニングは？
月に一回とか自分で外の店に出してますよ
休みは？
二日やって一日休みですがトレーニングなどでつぶれたりもしますでも8〜14時であとはフリーとかの日もありますよ
バチカンの中で結婚式も挙げられるそう
ボクならしませんけどね大きすぎるし観光客が多すぎて
観光客へのお願いは
許可を取ってから写真を撮ってほしいです仕事があって断るときもありますが

Tony's Column

「バチカン入国」

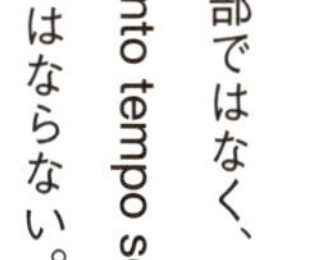

「バチカンはイタリアの一部ではない」。在日バチカン大使館に『イタリアで大の字』の取材許可を申し込んだとき、まず担当者からこう言われた。「しまった！　これで取材許可は取れない」と思った。確かに、イタリアの取材の〝ついでに〟バチカンを取り上げると言うのは失礼な話かもしれない。しかし訪問者にとっては、コロッセオやスペイン広場など、ローマの名所見物の延長として、バチカンを訪れることが多いのも事実。

確かに、イタリアの一部として感じるところもある。第一、面積も半平方キロしかない小さい町が国家であるとは思い描けない。そして日本をはじめ、多くの国と国交があるが、その狭い敷地内にイタリア大使館を含め、外国の大使館を置く場所はなく、それらはローマにある。また、バチカンの国籍を持っている人もそこで働く人も、多くはイタリア人であり、日常に使われている言語はイタリア語。

それでも、バチカンはイタリアの一部ではなく、別の国。だから、バチカンを守るスイス衛兵に対して、「Da quanto tempo sei a Roma?（ローマにはどのくらい住んでいる?）」なんて聞いてはならない。ダメ、そんないたずらは。

くるみ採り
くるみ採《と》りはバスケットを持《も》って
まーステキ♡
またまたクツ下にパンツをイン!!だけど
落《お》ちているのも拾《ひろ》いますが
長《なが》い枝《えだ》で叩《たた》いて落《お》としたりも
バッサ
バッサ
アグリツーリズモ オーナー ジョルジョさんの くるみ林
はい コレね
この木《き》を叩《たた》く枝《えだ》はかなり重《おも》い
かーなーりー
ムリムリ ムリムリ ムリ
木《き》なでてんのか〜〜〜
かわいい木《き》だったんでついねー
ほんとムリ
これがくるみなの?
ホントに種だった!!
固い実
見たことあるくるみ

落《お》として
バスケットに
入《い》れたらなにか
くれるのー？
もちろん夫もイン…
ないない
けっこー
たまりました
けど
ブラビーノ
だな!!
ブラボー＝すばらしい
ブラビーノ＝まぁまぁ
ひどっ
終《お》わって
うん
ブラビーノ
だ
プロは
どれくらい
採《と》るん
ですか？
私《わたし》も
プロじゃ
ないからねー
ほー
それにしては
ブラビーノ
だったよ
くるみの木《き》は
家具会社《かぐがいしゃ》に
売《う》れるそうで
くるみより
くるみの木《き》の
根《ね》っこの
ほうが
高《たか》いよ
じゃあ明日《あした》は
根《ね》っこ掘《ほ》りで!!
ガターッ
あ
ダメ
？
なしかー
いや
これは
「クレイジー」
って意味《いみ》
ですよ
ちぇっ

リーナさんの『くるみとりんごのケーキ』

採ったくるみで
作ったケーキ
すごく おいしい!!
オススメです

材料（26 ㎝のケーキ丸型 1 個分）

くるみ（生・小さく切る）…… 250 g
りんご（皮と芯を取り、薄いくし形切り）…… 小 4 個
小麦粉 …… 250 g
ベーキングパウダー …… 1 袋（16 g）
バター・砂糖 …… 各 150 g
卵（卵黄と卵白を分けておく）…… 3 個
リキュール・塩 …… 各少々
リコッタチーズ …… 125 g
はちみつ …… 小さじ 3

バター（型の内面に塗る）…… 少々
小麦粉（型の内面に付ける）…… 少々
きび砂糖（ケーキの生地の上にふりかける）…… 少々

作り方

1. 常温に戻したバターをフォークでよく混ぜてから砂糖を加え、泡立て器でよく練り混ぜる。
卵黄を加え、さらに混ぜる。
2. 1に小麦粉とベーキングパウダーを少しずつふるい入れて混ぜ、リキュールを加え、
生地がなめらかになるまで混ぜる。
3. 別のボウルに卵白と塩を入れて泡立てる（泡立てるとき、同じ方向に回さないと泡立ちづらい）。
真っ白になり、フォークが立つ感じにまで泡立てたら2に加え、
両手を使ってなめらかになるように混ぜる。
4. 3にリコッタチーズを加えて混ぜ、さらにはちみつを加えて混ぜる。
5. くるみ（2/3量）を加えて混ぜ、くし形に切ったりんご（3個分）を
さらに半分～3等分して加えてざっくり混ぜ、生地を作る。
6. 型の中にバターを塗り、小麦粉をふって型全体に小麦粉を付け、余分な小麦粉は捨てる。
7. 6に5を流し込み、フォークなどで平らにならす。
表面に残りのくるみとりんごをきれいに並べ、その上にきび砂糖をふりかける。
8. 200度に熱したオーブンに入れて40分ほど焼き、あら熱を取ってから冷蔵庫で冷やす。

※オーブンは機種によって、加熱時間が多少異なります。

手打ちパスタ
ジョルジョさんの妻《つま》リーナさんは
お料理《りょうり》が大得意《だいとくい》
パスタの材料《ざいりょう》
(今回作《こんかいつく》ったのは6〜7人分《にんぶん》)
粉《こな》 1kg
卵《たまご》 6個《こ》
粉500gに卵3個
粉200gに卵1個
でも 大丈夫
卵《たまご》は1個《こ》ずつ容器《ようき》に割《わ》ってね悪《わる》くなってたら捨《す》てられるように
うちの母《はは》の教《おし》えと一緒《いっしょ》だー
生地の真ん中をへこませて卵を入れる
ブラビーノだな
ううんベーネよベーネ(よい)
奥さんの方がわかってるぞー
混《ま》ぜるのはトニーに
この…周《まわ》りの無害《むがい》の子《こ》たちを巻《ま》き込んでるんですけどー…いいんですね?
えーっと訳《やく》せません…
だんだん訳されなくなっていく冗談…

だいたい混《ま》ざったら手《て》で
手《て》のひらを使《つか》うのがポイント
生地《きじ》がまとまったら
まな板《いた》に少《すこ》し水《みず》をたらして残《のこ》った粉《こな》も全部《ぜんぶ》集《あつ》めて生地《きじ》に入《い》れる
なにも捨《す》てないのよ
生地
手《て》に粉《こな》を付《つ》けながら
叩きつけて
ダン!
前《まえ》に押《お》すように練《ね》る
30分…
30分《ぷん》以上《いじょう》は練《ね》ってね力《ちから》を入《い》れるほどおいしくなりますよ
生地を二つに分けた
だいたいいいわね
ちょうど練《ね》りがいいときは丸《まる》くするとゴムみたいに自動的《じどうてき》に回《まわ》っていく感《かん》じよ
ではのばします
それで子供《こども》ぶったりしません?

そうそう！今《いま》はもうすばしっこいから捕《つか》まらないけどね
いい武器だったわー
乾燥《かんそう》しないようにすばやくね
奥《おく》まで巻《ま》いちゃうんですね
二つに分けたひとつ
形《かたち》…ヘンになってんじゃないのー？
私《わたし》…これ持《も》ってるよ？
ボクやると三角《さんかく》になったりするからなー
ニガテ…
私《わたし》も三角《さんかく》になるよ
ボクのは穴《あな》もあくからボクのほうが上《うえ》だね！
男のダメ自慢
薄《うす》くなると棒《ぼう》に付《つ》きやすいから粉《こな》をふってね
できたら布《ぬの》の上《うえ》でちょっと乾《かわ》かします
厚さ2mmくらい

トニーがのばすときは
あー全然《ぜんぜん》ダメだねー
コンパスをわざわざ!!
はっ
この人…顔も中身もちょっと「Mr.ビーン」的!!
非常《ひじょう》においしく作《つく》れる予感《よかん》…
なのであげませんよ
いいもーん
次《つぎ》は切《き》る作業《さぎょう》
棒に巻いて
真ん中を切る
棒を抜く
幅5mmくらい
爪の角度でナナメに
こうやって切《き》るとひとつひとつが違《ちが》う形《かたち》になるでしょ?
いい!!
ふぞろいなのがいいの!
家《いえ》で作《つく》ったってわかるでしょ
切《き》っていてくっつきそうなら
重《かさ》なっている生地《きじ》の間《あいだ》に粉《こな》を少《すこ》しふって
切《き》ったらほぐして広《ひろ》げておきます
布をかける

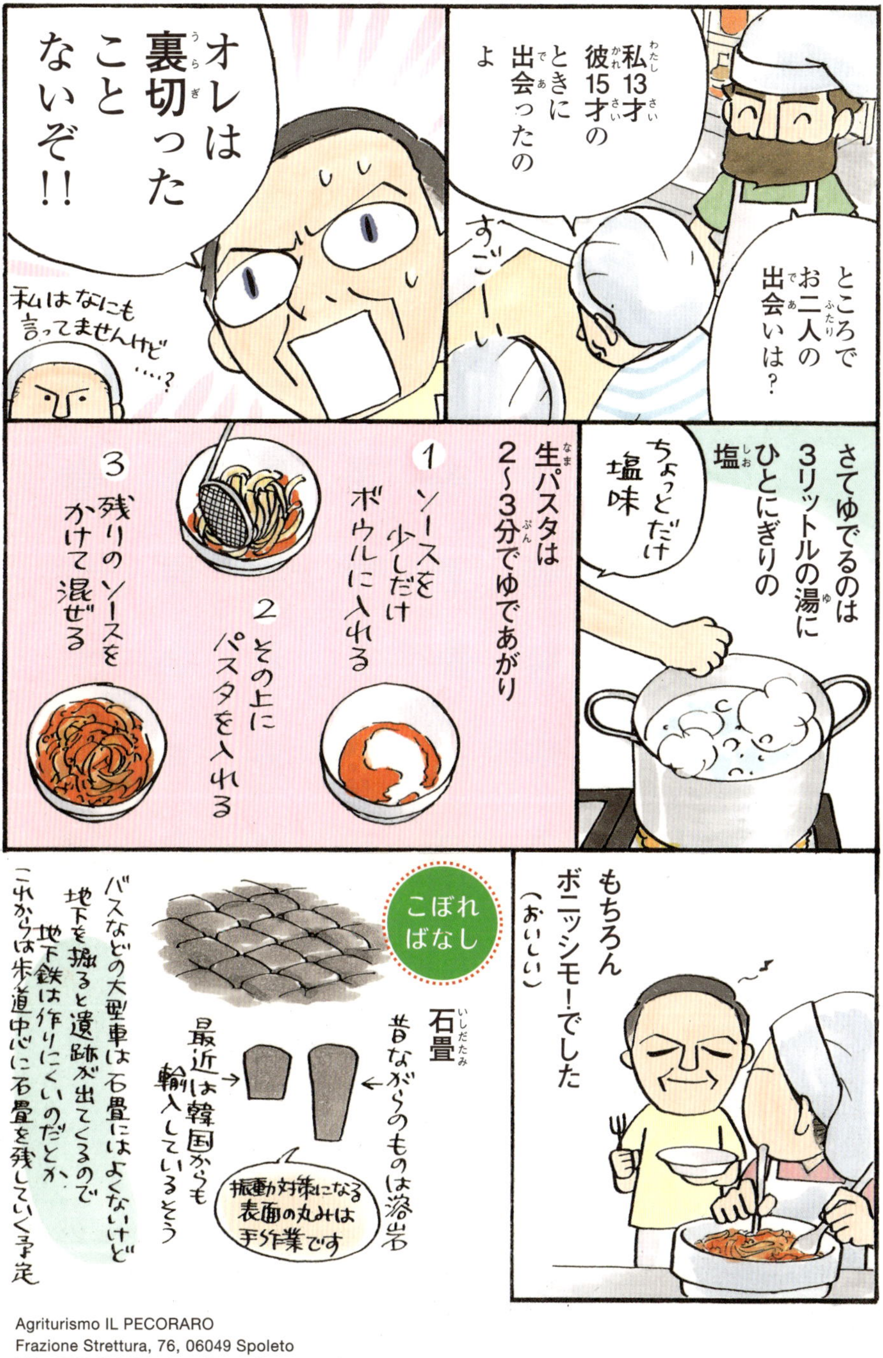
ところで お二人《ふたり》の 出会《であ》いは？
私《わたし》13才《さい》 彼《かれ》15才《さい》の ときに 出会《であ》ったの よ
すご〜い
オレは 裏切《うらぎ》った こと ないぞ!!
私はなにも 言ってませんけど ….?
さてゆでるのは 3リットルの湯《ゆ》に ひとにぎりの 塩《しお》
ちょっとだけ 塩味
生《なま》パスタは 2〜3分《ぷん》でゆであがり
1 ソースを 少しだけ ボウルに入れる
2 その上に パスタを入れる
3 残りの ソースを かけて混ぜる
もちろん ボニッシモ！でした
（おいしい）
こぼれ ばなし
石畳《いしだたみ》
昔ながらのものは溶岩
最近は韓国からも 輸入しているそう
振動対策になる 表面の丸みは 手作業です
バスなどの大型車は石畳にはよくないけど
地下を掘ると遺跡が出てくるので
地下鉄は作りにくいのだとか
これからは歩道中心に石畳を残していく予定

Agriturismo IL PECORARO
Frazione Strettura, 76, 06049 Spoleto
TEL: 0743-229697 http://www.ilpecoraro.it

「アグリツーリズモ」

イタリアを旅するなら、ローマのような大都会から離れて田舎に行ってみよう。人も車も少ないので、あらゆる意味での〝渋滞〟はだいたい避けられるし、所によっては葡萄やオリーブの畑が広がっている。そして、河川や森、中世の城や修道院といった建物は昔ながらの煉瓦や石、あるいは木でできており、自然との調和が美しく、おとぎ話の世界のようだ。

田舎での旅行といえば、重要なキーワードは「アグリコルトゥーラ（農業）」と「ツーリズモ（観光）」が合体した〝アグリツーリズモ〟。１９６０年代後半に生まれたアグリツーリズモは、１９８０年代に入ってから広まった。

本来は農業を営む者が空いた部屋を民宿として観光客に提供し、〝田舎生活を楽しむ〟という発想だが、今はいろんな種類のものがある。

まずは農家に泊まり、農作物の収穫を手伝いたいなら、それを条件に探したい。場所によってはチーズを作ったり、乗馬を楽しんだり、家畜の世話をすることもできる。読書に没頭したり、スケッチをしたり、山登りやバードウォッ

Tony's Column

チング、中世の城や修道院の跡地を探検することだってできるのだ。期待外れにならないよう注意して、自分に合う宿を探すのがいい。

特に気をつけたいのは食事、風呂、そして〝足〟の問題。朝食込みがほとんどだが、そのほか自炊が可能か、近くにレストランや惣菜を買える店があるか、お風呂の状況や、レンタカーが必要かどうかなどをあらかじめ確認したい。でも、結局はアグリツーリズモの体験がすてきな思い出になるかならないかは、出会う人にかかっているかもしれない。

僕たちが泊まったスポレートの宿は個人経営の農家だった。主人のジョルジョさんは宿の内装の大部分を自分で作るような器用な人で、一日中ジョークを飛ばしているエンターテイナーでもあった。

そしてほっぺたが落ちる料理を作ってくれた奥さんのリーナさん。おしとやかな人だが、夫とジョークのキャッチボールを心底楽しんでいるようだった。そんなすてきな夫婦が、心から温かくもてなしてくれたからこそ、僕たちにとって一生忘れないひとときになった。

結局は、「アグリツーリズモ」は、福袋と同じく、開けてからでないと、内容がわからない。それも〝味〟のひとつ。後は柔軟な心を持って、施設とスタッフの癖や個性を大目に見て、田舎の体験を楽しんでほしい。

ヴィテルボの温泉

田園風景《でんえんふうけい》に突如現《とつじょあらわ》れる天然温泉《てんねんおんせん》
硫黄《いおう》のにおいするねー
でもプールみたい…
着替《きが》えるところは小屋《こや》2つ
私《わたし》は服《ふく》ですべてをくるんで出《で》てきたのですが…
カゴもなし
しまった袋《ふくろ》もなにもないや
この男《おとこ》は
ん?
そっそれは…
ズボン袋!!

袋《ふくろ》がないときはコレだよ
あなたのズボンもステキなバッグに!!
さて温泉《おんせん》は
おっ思《おも》いのほかあったかい
あまり味《あじ》はしないね
湯の成分によって白くなったコンクリート
しかし日射《ひざ》しは強《つよ》いねー
日焼け止めがいるなー
ガスも吸《す》えます
少《すこ》し離《はな》してねノドにいいらしいよ
常連《じょうれん》でにぎわっていました
近所の方のおすすめはこの辺 熱さなど場所によって違うようです

こぼればなし
郵便《ゆうびん》
イタリアよりバチカンのポストに投函したほうが早く届くらしいよ
そこで実験 条件を同じにしたハガキを同時に…
イタリア
POSTE
バチカン
POSTE VATICANE
結果は
こっちが一週間くらい早く着いたよ
バチカン勝利

LE MASSE DI SAN SISTO ASSOCIAZIONE
Paliano, Svincolo della SS675 Superstrada Orte-Viterbo sulla SS2 Cassia Sud
TEL: 338-2061262

裏道に面したテラスが気持ちいい

セッティーミオ・アルアランチョ

Settimio All'Arancio

Via dell'Arancio, 50 Roma　TEL:06-6876119

前菜
€8:50〜
野菜のグリル
タコのマリネ
牛肉ロール
エビとアーティチョーク
€12.00
アーティチョーク大好き!!
あれば必ず頼む人
魚介のパスタ
€12.00
トンナレッリ
四角い麺
ラムのグリル
€10.00

テイクアウトもできて便利なピッツェリア

リストランテ・ピッツェリア・パンコット・イン・テラステヴェーレ

Ristorante Pizzeria "Pancotto" in Trastevere

Viale Trastevere, 8 Roma　TEL:06-5806334

アボカドとルッコラのサラダ
€7.00
フルーツも入っておいしい!
マルゲリータピッツァ
€5.00
モッツァレラチーズ トマト、ハム、卵、アーティチョーク、オリーヴ
ナスのコロッケ
€7.00
アーティチョーク…
テイクアウトできるレストランは結構あるので聞いてみるといいと思います
ミートソースのリガトーニ
€7.00
カプリチョーザピッツァ
€7.00

Capitolo 4

Italy ［ナポリ］

Napoli

輝く太陽と紺碧の海、陽気なイタリアの
イメージはこの町から

アクロバティック・ピッツァ
ピッツァの生地《きじ》を自由自在《じゆうじざい》に操《あやつ》るパフォーマンス
それがアクロバティック・ピッツァ
先生《せんせい》は数々《かずかず》の大会《たいかい》で優勝《ゆうしょう》しているサルヴァトーレさん
ピッツァが背中を舞う!
ピッツァと散歩
股くぐり
生《う》まれつき不器用《ぶきよう》ですので
よろしくお願いします
じゃあまず回《まわ》して
パパパパッ
早くしないと穴があくよ

割《わり》とすぐ できたトニー
ブラーボ!!
投《な》げても いいよ
あ できた
じゃあ回《まわ》すのと コンビで!!
えっ
先生《せんせい》がいない間《あいだ》に
くるくるっ
くるくるっ
あっ穴《あな》 あきそう
穴があく前に 具をのせて!!
あっ 先生《せんせい》 来《き》た!!
穴埋めてっ
ぱっ
昔がしのばれます
このピッツァは これから 焼《や》くんですか?
いや アクロバティック・ピッツァは普通《ふつう》の 生地《きじ》とは違《ちが》うから 食《た》べないね
おいしくないよ
そして私《わたし》の番《ばん》
これ競争《きょうそう》? 彼《かれ》よりうまく なりたいの?
もちろん です!!

この前《まえ》の大会《たいかい》では
日本人《にほんじん》が優勝《ゆうしょう》
したんだよ
こうして
こうして
パパパッ
うん
うん
うん
日本にはゴム製の練習用もあるらしい
こう？
「まったくもー」
みたいなジェスチャー
彼《かれ》のほうが
うまいね
気《き》のせい
ですよ!!
えいっ
じゃあ
投《な》げて
はいっ
ベタッ
キャー
マンガか
トニー大勝利
ごはん時《どき》にさしかかり
お客《きゃく》さん大行列《だいぎょうれつ》
おいしいお店《みせ》でも
あるのです
普通のピッツァも焼かせてもらった
ちょっとお待ちを
こぼればなし
駅員《えきいん》さん
とある
ターミナル駅の
ホームにいた
女性の
駅員さん
あぐらに
タバコで
なにかを検討中…
日本ではあり得ない!!

PIZZERIA ADDÒ GUAGLIONE
Via Consalvo, 101, 80126 Napoli
TEL: 081- 5936357

モッツァレッラチーズ
ここは広《ひろ》い敷地《しきち》に緑《みどり》あふれる農場《のうじょう》のような雰囲気《ふんいき》
担当者ラウラさん
うちはすべて有機《ゆうき》です ミルクを出《だ》す牛《うし》はストレスをためないようにプリンセスみたいに大切《たいせつ》にしてるんですよ
水牛用《すいぎゅうよう》のシャワーやマッサージ機《き》マットレスなど完備《かんび》
ブラシは回転
これって売ってるんですか？
買って改良してます
ん？
いつのまにか水牛《すいぎゅう》が全員《ぜんいん》こっちを見《み》てる？
好奇心《こうきしん》が強《つよ》いから寄《よ》ってくるんですよ
モッツァレッラチーズの作《つく》り方《かた》
ミルクを水牛《すいぎゅう》の体温《たいおん》くらいに温《あたた》め「レンニン」という酵素《こうそ》を加《くわ》えて何時間《なんじかん》か置《お》きます

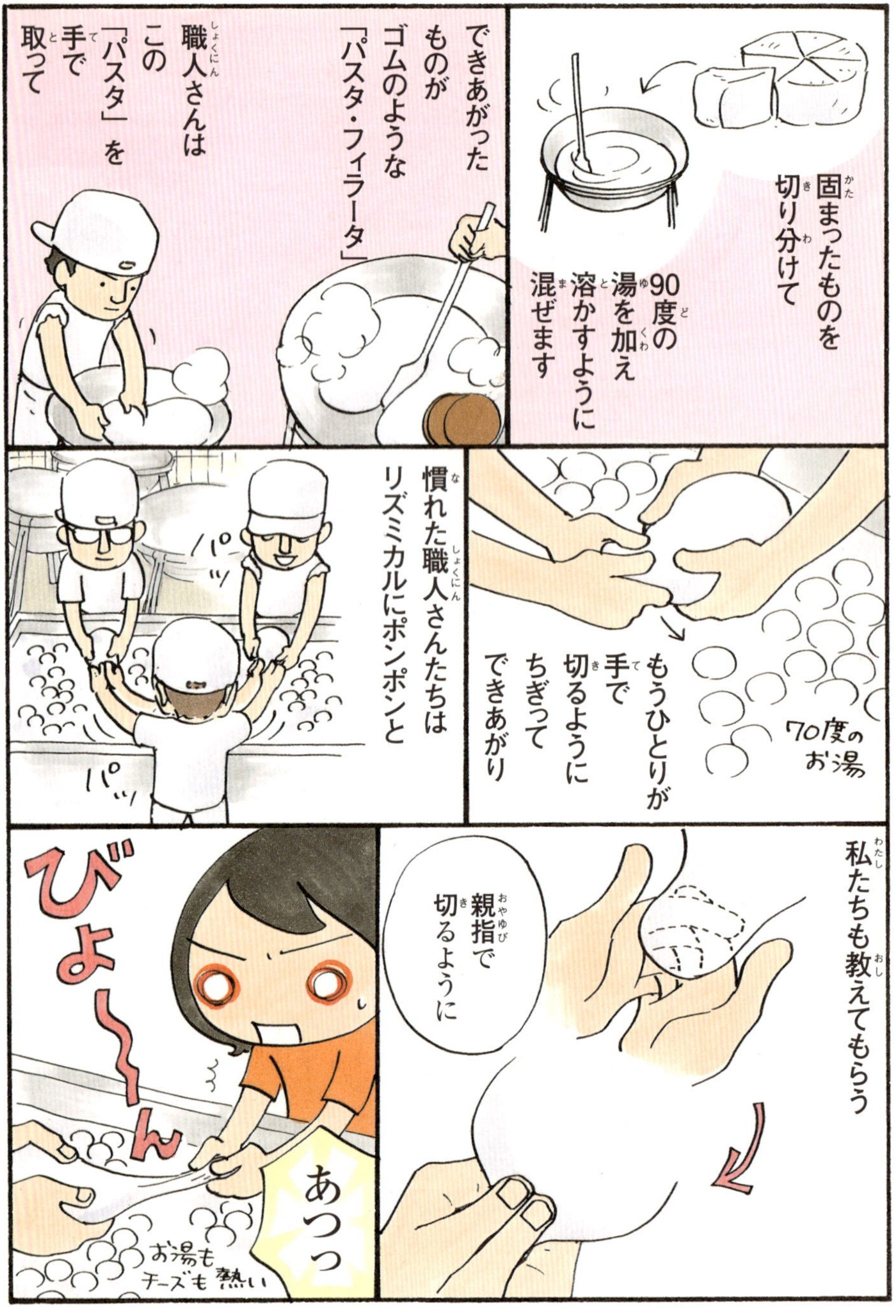
固《かた》まったものを切《き》り分《わ》けて
90度《ど》の湯《ゆ》を加《くわ》え溶《と》かすように混《ま》ぜます
できあがったものがゴムのような「パスタ・フィラータ」
職人《しょくにん》さんはこの「パスタ」を手《て》で取《と》って
もうひとりが手《て》で切《き》るようにちぎってできあがり
70度のお湯
慣《な》れた職人《しょくにん》さんたちはリズミカルにポンポンと
パッ
パッ
私《わたし》たちも教《おし》えてもらう
親指《おやゆび》で切《き》るように
びょ〜〜ん
あつっ
お湯もチーズも熱い

私《わたし》が切《き》ったものは
職人《しょくにん》さんが
受《う》けてくれて
チェック
ダメですね
ポイ
再《ふたた》び溶《と》かすため
後《うし》ろのボウルへ
ポイ
ポイ
ポイ
コツがわからない…
7回目《かいめ》くらいに
まあまあだね
しかし次《つぎ》からは
またダメで
結局《けっきょく》2個《こ》のみ合格《ごうかく》
おお商品に…
ポチャン
トニーも挑戦《ちょうせん》
びょ〜ん
1個《こ》もできないまま
終了《しゅうりょう》
ポイ
ポイ
ポイ
ポイ

AZIENDA AGRICOLA PALMIERI ANTONIO "TENUTA VANNULO"
Via Galileo Galilei, 10, 84040 Capaccio Scalo (Sa)
TEL: 0828-724765　FAX: 0828-725245　http://www.vannulo.it

丸坊主

あれ?どこでも丸坊主多いなー
外国では珍しいんじゃなかったっけ?

「丸坊主」ってモテるの?
モテるよ!
男らしく見えるのかも
ダビデさん
10年くらい前はヘンな目で見られたけどここ何年か流行ってるね
「ラ・ラザータ・ア・ゼロ」とも言うね

レストランだと「一テーブルに一丸坊主」ということも
店員さんも

あと無精ヒゲっぽい人も多い
絵を描くのが難しいです…

カメオ

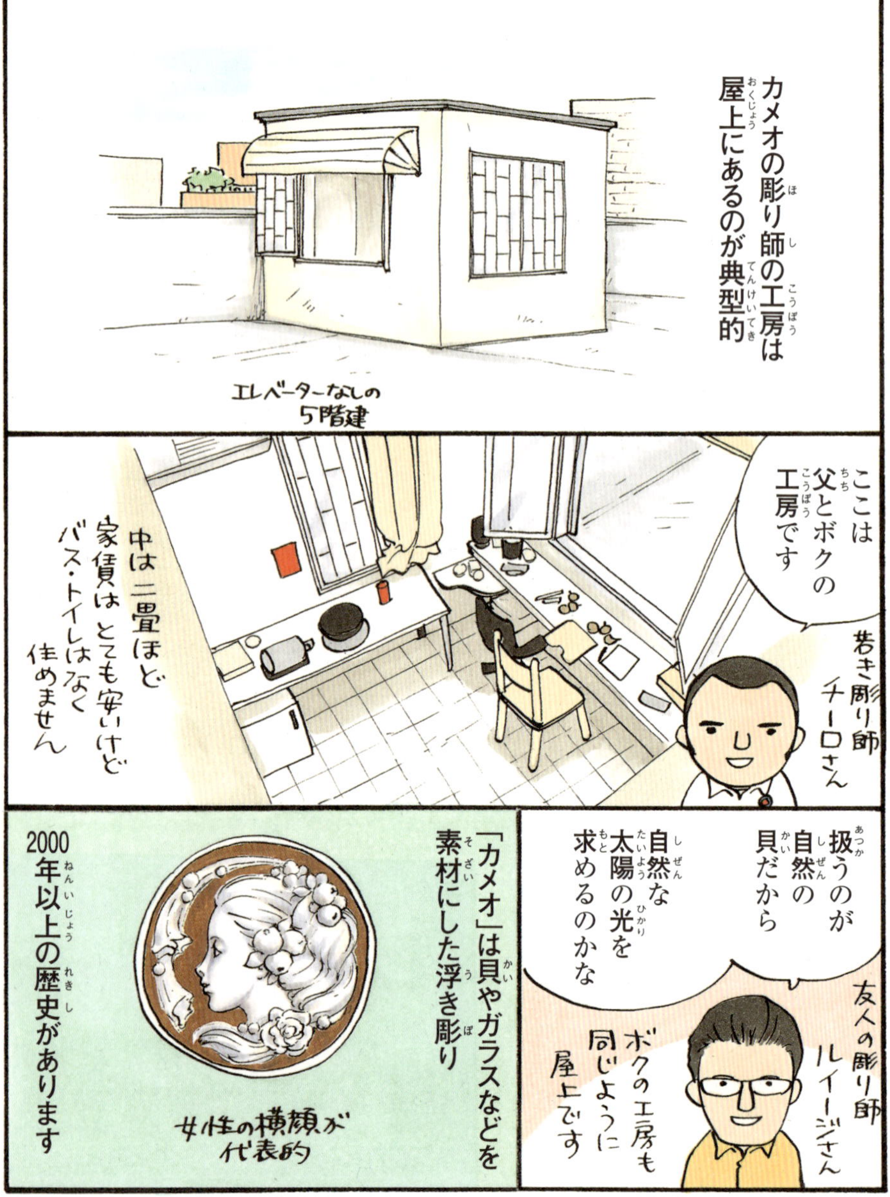

カメオの彫《ほ》り師《し》の工房《こうぼう》は
屋上《おくじょう》にあるのが典型的《てんけいてき》
エレベーターなしの
5階建
ここは
父《ちち》とボクの
工房《こうぼう》です
若き彫り師
チーロさん
中は二畳ほど
家賃はとても安いけど
バス・トイレはなく
住めません
扱《あつか》うのが
自然《しぜん》の
貝《かい》だから
自然《しぜん》な
太陽《たいよう》の光《ひかり》を
求《もと》めるのかな
友人の彫り師
ルイージさん
ボクの工房も
同じように
屋上です
「カメオ」は貝《かい》やガラスなどを
素材《そざい》にした浮《う》き彫《ぼ》り
2000
年《ねん》以上《いじょう》の歴史《れきし》があります
女性の横顔が
代表的

二人《ふたり》が使《つか》うのは天然《てんねん》の貝《かい》
色は2種類「ピンク系」と「外が白、中が茶」
より高級
たまにトルコ石も
いいカメオができるかどうかは角《つの》がポイント
角が大きいと
より立体的にできるのです
アクセサリーなど小《ちい》さいものは貝《かい》を切《き》ってから
石膏とろう
貝を埋めこむ
木
でこぼこを見《み》てからどんな絵《え》にするか考《かんが》えます
彫《ほ》るのは何種類《なんしゅるい》もの彫刻刀《ちょうこくとう》で
シャーペンで下書き
体験《たいけん》してもらう貝《かい》はこれですなにを彫《ほ》るか決《き》めてください
コブ二つ
ファンタジーが必要《ひつよう》ですよ現実《げんじつ》にない花《はな》でもいいし
あとコブ大事
うーんどうしよう…
「ドラえもん」でもいいですよ
小《ちい》さいカメオでも仕上《しあ》げるのに1週間《しゅうかん》から10日《か》かかるので今回《こんかい》は練習《れんしゅう》のみ
途中《とちゅう》で終《お》わって大丈夫《だいじょうぶ》なように「バラ」で…
ドラえもんは著作権の関係が
誰にも言いませんよ？

削《けず》り方《かた》は
親指《おやゆび》を固定《こてい》したまま人差《ひとさ》し指《ゆび》を前後《ぜんご》に動《うご》かします
布
この「辺」で削るようだ
最初《さいしょ》はラフみたいに大《おお》まかに削《けず》って
たぶん刃《は》がすべっちゃうと思《おも》うけど
これで刃《は》を前後《ぜんご》に…?
動《うご》きも力《ちから》も大丈夫《だいじょうぶ》ですね でも線《せん》に沿《そ》って削《けず》ってください
それはできません
もう少《すこ》しすると手《て》が痛《いた》くなってくるかも…
えーと すでに痛《いた》いんですけど…
ちょっと手《て》を見《み》せてもらったら?
マメだらけでしょう
あらー りっぱな生命線《せいめいせん》!
なにかが失格
彫《ほ》りつつ話《はなし》を聞《き》く
朝《あさ》8時《じ》くらいからやりたいだけやりますね
できるかぎり自然光で
逆《ぎゃく》にしばらくやらないときもあるけど

夜中《よなか》にインスピレーションがわくけど仕事《しごと》できないのが問題《もんだい》だね
スケッチしながら朝《あさ》を待《ま》つよ
そこかしこに落書きが
これもインスピレーション？
これをカメオに…？
いやそれは悪夢《あくむ》…
二人《ふたり》のキャリアは10年《ねん》
でもまだ先生《せんせい》が必要《ひつよう》な大変《たいへん》な仕事《しごと》です
仕事にかかりきりですよ
じゃあ恋愛《れんあい》する時間《じかん》ないね
いやそれはあります
矛盾《むじゅん》を感《かん》じますね〜〜〜
ほら彼女《かのじょ》がここに来《き》て待《ま》ってたりとか
カメオの顔《かお》がそのときの彼女《かのじょ》に似《に》たりとかは？
いやみんなファンタジーの中《なか》の女性《じょせい》です
父は妹を彫ってるけど
ゴリゴリ
ゴリ
一番大切《いちばんたいせつ》なのは自分《じぶん》のスタイルをどれだけ磨《みが》いていくかなんですよ
ファンタジーはとても大事

続《つづ》いてトニー
ゴリッ
ゴリッ
それだと コントロール できないから 手《て》は固定《こてい》して…
ええ 理論上《りろんじょう》は わかるけど ね
心配《しんぱい》しないで ボクも最初《さいしょ》は そうだったから
なぐさめ られない 感《かん》じ… そのときあなた 15才《さい》くらい でしょう?
ダメですよ ボクは
二人《ふたり》とも高校《こうこう》から 修行《しゅぎょう》を始《はじ》め
学校《がっこう》と仕事《しごと》で 大変《たいへん》だったけど 遊《あそ》ぶよりここが いいと思《おも》って
この挟いアトリエに 5人いたことも あったとか
その頃《ころ》は!! 恋愛《れんあい》する 時間《じかん》なかったん だね?
いや時間《じかん》は 見《み》つけられ ます!!
寝る10分前とか
女性《じょせい》って 美《うつく》しいものだから そういうものに 対《たい》しては 時間《じかん》が取《と》れます
美《うつく》しい…
幻想《げんそう》 だな
24才の子に なんて ことを!!

その間《あいだ》にトニーは独自《どくじ》の彫《ほ》り方《かた》を開発《かいはつ》していた
どうですかこれは
んー…
人差し指動いてないよー
ぐりぐりっ
じゃあ私《わたし》もう少《すこ》し彫《ほ》るね
あっボクが彫《ほ》ったのをダメにしてる？
あなた以上に壊す人いないよ…
二人《ふたり》の所属《しょぞく》する会社《かいしゃ》も訪問《ほうもん》
面白《おもしろ》かったですか？
日本語少し話せます
社長ルイージさん
うまくなりました？
先生《せんせい》に聞《き》いてください
聞《き》きましたよ彼女《かのじょ》はつかみかけたってねぇ
彼《かれ》は？
んー…
終了《しゅうりょう》
カメオの見分《みわ》け方《かた》
盛《も》りあがりが厚《あつ》いほうがよく裏《うら》を見《み》ればプラスチックかどうかわかります
ルイージさん
ヌンツィオさん
長い経験が必要な部分もありますが
斬新《ざんしん》なデザインの新世代《しんせだい》カメオも作《つく》り始《はじ》めていますよ
こぼればなし
シャツのネーム
オーナーの友人ジュゼッペさん
縫ってあるイニシャルがこんな位置に
これは手作りの証なんですよ

DI LUCA
Via Montedoro, 21/23, 80059 Torre del Greco-Napoli
TEL: 081- 8824666　FAX: 081- 8492132　http://www.dilucabrothers.com

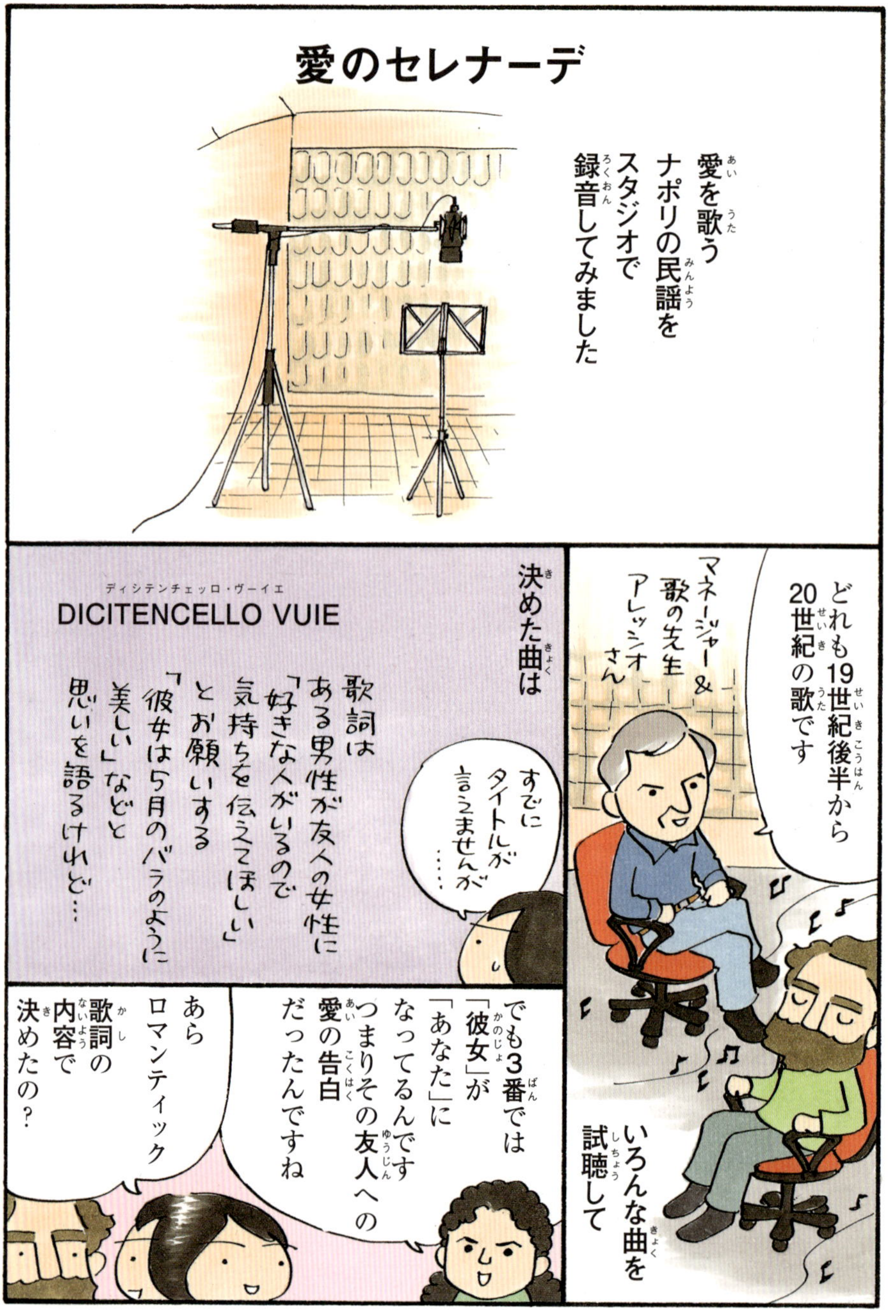

愛のセレナーデ
愛《あい》を歌《うた》う
ナポリの民謡《みんよう》を
スタジオで
録音《ろくおん》してみました
どれも19世紀《せいき》後半《こうはん》から
20世紀《せいき》の歌《うた》です
マネージャー＆
歌の先生
アレッシオ
さん
いろんな曲《きょく》を
試聴《しちょう》して
決《き》めた曲《きょく》は
DICITENCELLO VUIE《ディシテンチェッロ・ヴーイエ》
歌詞は
ある男性が友人の女性に
「好きな人がいるので
気持ちを伝えてほしい」
とお願いする
「彼女は5月のバラのように
美しい」などと
思いを語るけれど…
すでに
タイトルが
言えませんが
……
でも3番《ばん》では
「彼女《かのじょ》」が
「あなた」に
なってるんです
つまりその友人《ゆうじん》への
愛《あい》の告白《こくはく》
だったんですね
あら
ロマンティック
歌詞《かし》の
内容《ないよう》で
決《き》めたの？

実《じつ》はタイトルが「レモンチェッロ」に似《に》てるから…
イタリアのリキュール
LIMONCELLO
歌《うた》うならおいしそうなものを!!って思《おも》うでしょ
さて演奏《えんそう》は生《なま》ギター
ラ〜〜
ラララ
ラ〜〜
ララ〜
ミュージシャン ジーノさん
あれこの歌《うた》知《し》ってたの？
いやでも3回《かい》聴《き》いたから
完璧《かんぺき》だね音楽的《おんがくてき》な記憶《きおく》がすばらしいね
お世辞《せじ》うまいですねー
と調子《ちょうし》に乗《の》っていたが
歌詞《かし》を見《み》てみると
Dicitencello《ディシテンチェラ》 a 'sta《スタ》
cumpagna《クンパーニャ》 vosta《ヴォスタ》
Ch'aggio《カジュ》 perduto《ペルドゥト》
'o suonno《スオネ》 e 'a fantasia《ファンタシア》;
1小節目《しょうせつめ》と2小節目《しょうせつめ》の発音《はつおん》がえらい難《むずか》しいんだけど…
あと マヌンチョ サッチョエ…とか
「Dici」が「ディチ」ではなく「ディシ」になるのはナポリ方言

しかもアルファベットの読《よ》み方《かた》が不規則《ふきそく》…
「カメ」が「カマ」になったりとか
読《よ》み方《かた》書《か》き込《こ》みますか？
いや大丈夫《だいじょうぶ》です
語学オタクの誇りにかけて!!
ビシッ
そしてさらに歌《うた》い出《だ》しのタイミングが大変《たいへん》とりづらい
ディーシテン…
ちょっと早いね
確《たし》かに難《むずか》しいんだこの曲《きょく》は…
ディーシテンチェロ……
ポン
はい
本当《ほんとう》に肩《かた》を叩《たた》いてもらってる!!
おじいちゃんか
ん？あれ？
ディーシテン…
先生《せんせい》まで混乱《こんらん》する始末《しまつ》
ちょっとやって
あってるよ
これ1番《ばん》と2番《ばん》歌《うた》うとなると大変《たいへん》だ…
ふー
予約《よやく》は5時間《じかん》
1番《ばん》1回《かい》歌《うた》って2回《かい》繰《く》り返《かえ》してもらえばいいじゃん

将来息子《しょうらいむすこ》に聴《き》かせたら「なんで1番《ばん》を2回《かい》なの?」って聞《き》かれると思《おも》うけどー
説明《せつめい》すればいいんだよ
パパにはナポリの方言《ほうげん》が難《むずか》しかったんだよって…
ダメだダメだ
ということで引《ひ》き続《つづ》き練習《れんしゅう》
ここの「bbene」は「b」が二《ふた》つだからもっと強《つよ》く
ベーネ
ベーネ
今《いま》のは「三《みっ》つ」だね
ううう…
先《さき》にジーノさんの演奏《えんそう》を録音《ろくおん》
マンドリンも追加《ついか》して無事終了《ぶじしゅうりょう》
さていよいよトニーが歌《うた》う
えー1番《ばん》2回《かい》でお願《ねが》いします

IL PARCO Studio di Registrazione
Via Tasso, 480/1, 80127 Napoli
TEL: 081- 645856　http://www.polosud.com

Tony's Column

「ナポリで一曲」

せっかくナポリ民謡を歌うのであれば、さおりの知っている歌にすればよかったかもしれない。でも、それでは「オ・ソレ・ミオ」と「フニクリ・フニクラ」しかないかな。どちらもセレナーデには向かず、歌いやすいわけでもない。

結局、選んだのは今まで聞いたことのないもの。ラブソングではあるが、第三者を通じて愛の告白をしようとしている男の話なので、僕とさおりの関係を思い起こすことなく照れずに歌えた。

スタジオでの録音には5時間もかかった。一番大きな原因はナポリ語の歌詞を流れるように歌えなかったこと。意味は理解できても、一語一語の言葉はなかなか覚えにくいし、発音が微妙にずれれば、すぐNGになってしまう。ディレクターはナポリ語に対して誇りがあるからこそ、僕の間違った発音を一切許さなかった。それは厳しい指導なのか、それともありがたい〝愛のムチ〟だったのか……。

CDを聞いて、僕の声に〝痛み〟を感じたら、それは気のせいではない。録音直前、スタジオの階段で足を滑らせ、捻挫してしまった。ナポリ民謡のつもりが、少し哀愁漂うナポリ・ブルースになったかもしれない。

絵付け

プレゼント用絵皿《ようえざら》を描《か》かせてもらったのは
初版限定10枚
ニコーラさんの工房
食べること、愛すること、人生を楽しむこと、プルチネッラはナポレターノ（ナポリ人）の性格を表してるんですよ
プルチネッラも数多く製作
ナポリでは「17」が縁起悪《えんぎわる》い数字《すうじ》なんだよ
え
あっまた増《ふ》える!! この人《ひと》「13」はもちろん日本《にほん》に来《き》て「4」と「9」もダメになったんです
どんどん増えちゃう
やめて
「13」はナポリではいい数字《すうじ》だよ その日《ひ》の聖人《せいじん》は聖《せい》アントニオだけど子供《こども》を抱《だ》いてたからね
毎日 聖人が決まっている
えーっ
45にして考《かん》えを変《か》えていいのか…
「13」でくじでも買《か》うしかないね
同じ名前だし
そんな彼《かれ》の胸《むね》に光《ひか》るネックレスは
昔《むかし》の彼女《かのじょ》が「あなたは私《わたし》の太陽《たいよう》だから」ってくれたんだ
ナポレターノ!!な方《かた》でした

LA BOTTEGA DI MANGIAFUOCO
Via A. Cardarelli, 10, 80131 Napoli
TEL: 081- 5454032　http://www.labottegadimangiafuoco.it

トンボラ
「トンボラ」は主《おも》にクリスマスに行《おこな》われるゲーム
ビンゴに似《に》ていますがナポリならではの特色《とくしょく》があります
14 22 41 63 87 7 25 34 50 76 18 38 43 68 89
今回《こんかい》は特別《とくべつ》に老人《ろうじん》ホームで一緒《いっしょ》にやってもらうことに
入口には日本語が
ヴィーラ ネストレへ ようこそ
ここの方《かた》たちが作《つく》っているものもディスプレイして迎《むか》えてくれました
カラオケですでに盛《も》りあがっている様子《ようす》
わ
パチパチ
わー
これトンボラの景品《けいひん》です
ありがとうございます
ゲームを準備《じゅんび》してホールに行《い》ってみると…
侍
Tシャツや手ぬぐいなど

日本《にほん》から
お客《きゃく》さんが
やってきました
キャー
ヒュ〜
ワー
パチ
パチ
パチ
パチ
ビートルズ来日
くらいの騒ぎ
マイクで
かなりの
音量
よーこそ!
日本語
さよーなら!
さよーなら!
瞬時に
お別れ
テーブルには
出《で》た数字《すうじ》が
多《おお》く並《なら》んだ人《ひと》の勝《か》ち
ボタン
カード
1734年の
クリスマスが始まり
カゴから数字《すうじ》を引《ひ》く係《かかり》の
マリーさん登場《とうじょう》
いェ〜〜
ネックレスは
唐辛子
イタリアでは
「魔よけ」の
意味
一番伝統に
詳しいんだとか
ピュ〜
数字《すうじ》を引《ひ》いて
'O Ppane!!
パーネ!!
(パン)
50だ
50!!
ワー
ナポリでは
数字《すうじ》に意味《いみ》があるのです
若《わか》いと知《し》らない
人《ひと》もいますね
次は
11!!
司会
ジュゼッペさん
日本から里帰り中
マッシモさん

ガンベ
ガンベ
急《きゅう》に
踊《おど》り出す
マリーさん
「11」はねずみ
ガンベは足《あし》って意味《いみ》
ねずみがいるから足元に気をつけろって感じかな
ほかには
「31」＝大家《おおや》
家賃を取りに行くのが月末だったから
意味《いみ》がわかるものもあれば
「56」＝倒《たお》れる
なぜかはよくわからない…
学校で日本語を学んだヴァレーリアさん
数字からストーリーを作って話す人もいますよ
29!!
おほほ〜う
きゃー
いえ〜〜
なになに?
ちょっとエッチな意味《いみ》だと盛《も》りあがります
下ネタ多い…
そのうち
三《みっ》つ並《なら》んだ人《ひと》が出《で》た
この後《あと》「四《よっ》つ」「五《いつ》つ」と続《つづ》いて
「トンボラ」はカードの一列全部《いちれつぜんぶ》が並《なら》ぶこと
テルノ!!
「三つ」〜「五つ」は最初に声を出した人ひとりだけ
ガタッ
ちょっとーっ
勝《か》ったのかと思《おも》いきや
ぶんぶん
まだひとつも当《あ》たってないわよーっ
どういうこと!?

あと
ひとつ♫
あとひとつ
あとひとつ♫
踊《おど》り出《だ》すおばあちゃんあり
トンボラ!!
「トンボラ」は
何人《なんにん》でも
OK
続《つづ》いて
2回目《かいめ》のゲームで
あ
四《よっ》つ並《なら》んだ
日本《にほん》からの
お客《きゃく》さんが
当《あ》たりましたー!!
わ~
パチパチ
パチ
ヒュ~
パチパチ
これ
日本語《にほんご》で
言《い》うと?
ななじゅう
にばん
ななじゅーにばーん!!
持《も》ってきた
手《て》ぬぐい
いただきました
どうぞ
さらに同《おな》じテーブルだった
人《ひと》も当《あ》たって
あなたの
子供《こども》に
このコマ
どうぞ
いえ!!
それ私《わたし》たちが
持《も》ってきた
ものなので!!
お気持ちだけ
手《て》ぬぐいも隣《となり》の方《かた》に差《さ》しあげた

非常《ひじょう》に盛《も》りあがって
トンボラ終了《しゅうりょう》
ありがとう
さよーなら
パチ
パチ
パチ
パチ
意外《いがい》とあっさり
ダンスタイムに移行《いこう》…
さあ
えっ
ナポリから同行の編集エディ
あっという間《ま》に
連《つ》れ去《さ》られた
女性同士も
それを見《み》て
ダッシュの男《おとこ》たちでした

こぼればなし

夢《ゆめ》の宝《たから》くじ

ナポリでは
自分の見た夢を
くじ売り場の人に話し
数字を選んでもらって
くじを買うことも
できます
lotto
えーと…
夢と
数字が
載っている本
私はゆうべ
選挙の夢を
見たんです
ボクは
せっかくだから
「13」で!!
ということで
三つの数字を
出してもらった
14 15 42
結果は
テレビや新聞でも
見られます
どっちも
はずれたね…

VILLA NESTORE
Via Emilio Scaglione, 464, 80145 Napoli
TEL: 081- 7408770

「13」の男

西洋では〝13〟は不運を表わす数字だ。ちょっと恥ずかしい話だが、僕もこれが恐い。根拠のない迷信と頭では思うが、もしかして13が僕を何かの禍に巻き込むのではないかと思うと、つい避けてしまう。

ナポリ人は数字を単に、幸運、不運というレベルでは捉えていない。1から90までの数字に具体的な意味を与えている。たとえば、1、2、3、4と5はそれぞれ「イタリア」、「女の子」、「猫」、「豚」と「手」を表している。この独特な意味を持つ数字は〝スモルフィア・ナポレターナ〟と呼ばれている。ここでは略して「スモナポ」と呼ぼう。

スモナポはトンボラというビンゴに似たゲームで使われている。これは基本的にクリスマスの季節にしか行われないので、観光客にとっては参加する機会が限られてくる。しかし、いつでもスモナポに接する方法はある。

宝くじを買いに行けばいいのだ。売り場の多くは、スモナポの辞書が置いてあり、客は夢に見たことを店員に語る。店員にその夢に対応する番号を調べて

Tony's Column

もらい、その番号を「願掛け」として宝くじを買うわけだ。
夢によっては本で調べる必要はなく、店に貼ってあるスモナポの表を見ればすぐわかる。たとえば「イタリアで赤ちゃんが豚に手を噛まれ、猫を持って走っている」というような夢を見たら、12345番の宝くじを買えばいいだろう。また、「イカがギターを住処にしている」という夢だったら、迷わずに、ぴったりそれを意味する67番が含まれる宝くじを買えばいいだろう。でも、夢が複雑になればなるほど、どの数字に賭ければいいか決めるのが難しくなる。「泥棒（79）がナイフ（41）を持って、ワイン（45）を盗み、車（46）で逃亡しようとしたが、足を取られ転び（56）、警察（24）に捕まり、刑務所（44）に送られる」という夢を見たら、店の人に「夢の分析」をお願いしたほうがいいかもしれない。

さて13。スモナポではこの数字は「聖アントニオ」という意味があり、幸運の数字になっている。しかも、その聖人と同名の僕（トニーはアントニオの略称）にとっては特別に運の良いもの。それでも、ラッキーナンバーにするのは今さら難しい。〝ただの数字〟として考える日が近いかもしれない。

でも、日本で不吉とされている9と4を足すとちょうど13になる。これって単なる偶然……!?

地下巡り

実《じつ》は
ナポリの地下《ちか》には
とてつもなく大《おお》きな穴《あな》が
あいています
よーし
もぐりに
行《い》こう!!
地下巡《ちかめぐ》りは
ツアーになっていて
街中《まちなか》のビルがその入口《いりぐち》
Napoli Sotterranea
階段《かいだん》で
40m下《した》まで
下《お》ります
この階段は
1m四方の
井戸だったものを
第二次
世界大戦のとき
3m四方にしたもの
下りると
いうことは
帰りは
のぼるの
ね
抱えて
ホールのような
空間《くうかん》に到着《とうちゃく》
ここも
すべて井戸《いど》で
紀元前《きげんぜん》
5世紀《せいき》には
水《みず》でいっぱい
でした
世界《せかい》で一番早《いちばんはや》く
各家庭《かくかてい》まで
飲《の》み水《みず》を供給《きょうきゅう》できた
街《まち》なんですよ
ガイド
ミケーレさん

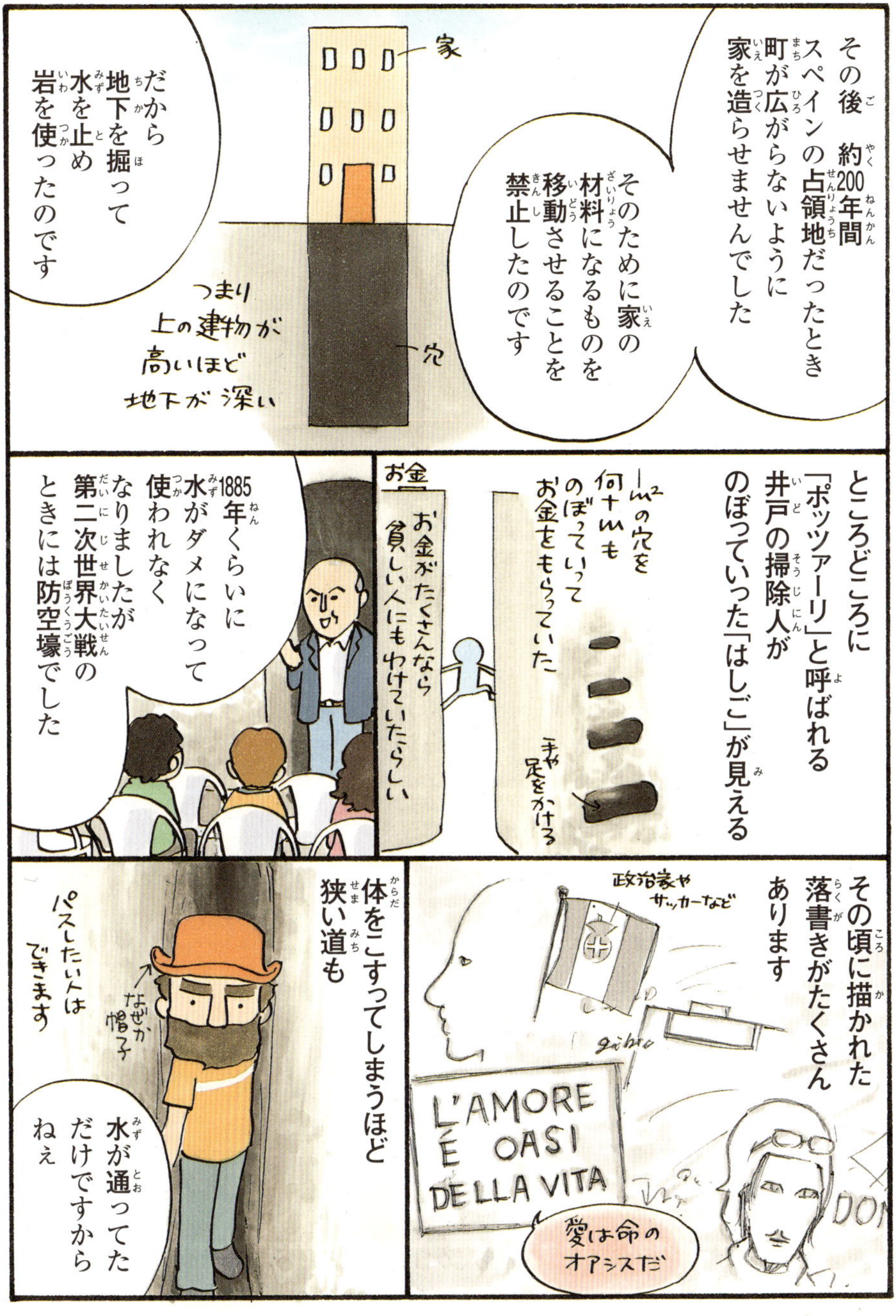
その後《ご》　約《やく》200年間《ねんかん》
スペインの占領地《せんりょうち》だったとき
町《まち》が広《ひろ》がらないように
家《いえ》を造《つく》らせませんでした
そのために家《いえ》の
材料《ざいりょう》になるものを
移動《いどう》させることを
禁止《きんし》したのです
家
穴
つまり
上の建物が
高いほど
地下が深い
だから
地下《ちか》を掘《ほ》って
水《みず》を止《と》め
岩《いわ》を使《つか》ったのです
ところどころに
「ポッツァーリ」と呼《よ》ばれる
井戸《いど》の掃除人《そうじにん》が
のぼっていった「はしご」が見《み》える
1m^2の穴を
何十mも
のぼっていって
お金をもらっていた
手や
足をかける
お金
お金がたくさんなら
貧しい人にもわけていたらしい
1885年《ねん》くらいに
水《みず》がダメになって
使《つか》われなく
なりましたが
第二次世界大戦《だいにじせかいたいせん》の
ときには防空壕《ぼうくうごう》でした
その頃《ころ》に描《か》かれた
落書《らくが》きがたくさん
あります
政治家や
サッカーなど
L'AMORE
È OASI
DELLA VITA
愛は命の
オアシスだ
体《からだ》をこすってしまうほど
狭《せま》い道《みち》も
パスしたい人は
できます
なぜか
帽子
水《みず》が通《とお》ってた
だけですから
ねぇ

こぼればなし

ナポリの交通《こうつう》

Associazione Culturale LAES
Vico Sant'Anna di Palazzo, 52, 80132 Napoli
TEL: 081-400256　http://www.lanapolisotterranea.it

Tony's Column

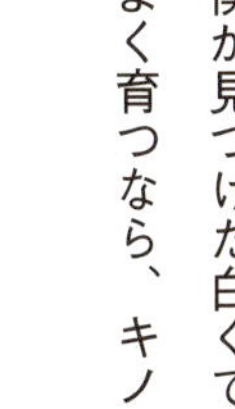

「地下ナポリ」

エジプトのピラミッドは、ものによっては遠方から運ばれてきた石でできているとされている。ナポリの町は、まったく逆の考え方で作られたと言える。少なくとも４０００年前から、人々は住居の真下を掘り、切り出した石（凝灰岩）を材料にして住まいを建てた。こうして大小の人工洞窟が約７００もでき、これらをトンネルでつなげ、少なくとも１００万平方メートルに及んでいる。この「地下ナポリ」はナポリ市の地下面積の約60％を占めると言われている。

古代ギリシャ時代から人々は川の水をこの空間に流し込み、18世紀末まで貯水槽などに利用してきた。その優れた水道システムのおかげで、ヨーロッパの大都市の中で、民家で水が飲めたのはナポリだけだった。早口言葉みたいに言えば「飲み水を飲めたのはナポリ人のみ」。

この地下空間、浅いところは10メートルくらいだが、僕たちがツアーで案内されたところは40メートルの深さだった。もちろん水はもう抜いてあるが、それでも湿度は約70％。洞窟の隅っこで僕が見つけた白くて大きなシーツ。それは巨大なカビだった。カビがこんなによく育つなら、キノコ栽培も上手くいくはず。ビジネスチャンス？

上品で伝統を感じる店内

リストランテ・ピッツェリア・レオン・ドーロ

Ristorante Pizzeria Leon d'Oro

Piazza Dante, 48 Napoli　TEL: 081-5499404

前菜の盛り合わせ
€6.00
なすとズッキーニのグリル、
にんじんのソテー
など
リングイネ
やや平たい麺
ピーマンのマリネ
アーティチョーク
など
オムレツ
€3.00
卵料理は少ないのでうれしい
なす、
モッツァレッラと
プチトマトのパスタ
€6.00
ニンニクと
唐辛子のパスタ
€7.00

オシャレな雰囲気なのにリーズナブル

リストランテ・ピッツェリア・オリーヴァ

Ristorante Pizzeria Oliva

Via Tino di Camaino, 2E Napoli　TEL: 081-5567459

オリーヴァの
前菜
€14.00
生ハム
ナスのオーブン焼き
ハムとクリームの
オーブン焼き
チーズと
ルッコラの生ハム巻き
ボリューム
たっぷりで
お得
生ハム、
ソーセージ、
ルッコラと
モッツァ
レッラの
ピッツァ
€6.00
牛フィレ肉と
グリーン
ペッパー
€15.00

Capitolo 5

Italy ［サルデーニャ島］

Sardegna

本土と異なる文化を持つ、
透明な海と白い砂浜が魅力の島

テノーレス・ディ・ビッティ

待《ま》ち合《あ》わせたのは
丘《おか》の上《うえ》の小《ちい》さな教会《きょうかい》
すぐそこに羊…
メェー
カラン
コロン
メェー
メェー
「テノーレス・ディ・ビッティ」とは3000年前《ねんまえ》から続《つづ》く歌《うた》のスタイル
たくさんグループがある中《なか》でも中心的存在《ちゅうしんてきそんざい》の「ミアリーヌ・ピーラ」
セミプロですがローマ法王にも歌声を披露するほど
マルコさん（中低音）
バキージオさん（高低音）
リーダーオマールさん（最低音）
ディーノさん（リード）
彼《かれ》の分《ぶん》も民族衣装《みんぞくいしょう》持《も》ってきたんだけど…
違和感《いわかん》ないぞ!!

まず聴《き》かせてもらう
ビンバラン
バラン
魚屋《さかなや》のおじさんたちがすごく響《ひび》く声《こえ》で合唱《がっしょう》してる感《かん》じ
途中《とちゅう》で半音上《はんおんあ》がるけどまた半音下《はんおんさ》がるっていうのが珍《めずら》しいと思《おも》うなー
ボン
ビン
彼だけメロディを歌う→
あ゛ー
じゃあ入《はい》ってちょっと声《こえ》を出《だ》してみて
ん゛ー
口《くち》を開《あ》ける必要《ひつよう》はないんですよ
この辺《へん》で歌《うた》う感《かん》じ
普通《ふつう》は使《つか》わない場所《ばしょ》だから発見《はっけん》しないと
ん゛〜〜〜
あっ今《いま》ちょっとできた
続ければできるよ
ゴホッゴホッ
最初《さいしょ》は涙《なみだ》が出《で》ますでも苦《くる》しくないとちゃんと歌《うた》えないですよ
いよいよ一緒《いっしょ》に

ビンバランボンビンバランボン
半音《はんおん》上《あ》がるとき
いきなり
歌詞が急に長く!! わからんっ
なかなかいいよ
きついでしょう 私《わたし》たちもできるのは1時間半《じかんはん》くらいですよ
ふぅ
チベットやモンゴルの歌《うた》い方《かた》にも似《に》てるけど関係《かんけい》はある?
似《に》てるけど直接関係《ちょくせつかんけい》はないみたいです
昔《むかし》は日常的《にちじょうてき》にワインを作《つく》りながらとかバーとかでコミュニケーションとしてやっていたんですよ
ビンバランボン
女性《じょせい》はひとりだけできる人《ひと》がいるとか
二人目《ふたりめ》に挑戦《ちょうせん》します 彼女《かのじょ》はたいていなんだってできるから
そこっ
ハードル高《たか》くしないっ!!

私《わたし》も入《い》れて いただき
ビンバラン♪
ベリ〜ボン
ビン
バラン
バラン
女性《じょせい》には かなり厳《きび》しい
ゴホッ
ゴホッ
無理《むり》っ
その後《あと》 伝統的《でんとうてき》な ダンスも 体験《たいけん》
明らかに変
すごくヘタ だったと 思《おも》うけど ひとつ ホメて ください 彼女《かのじょ》も
彼女《かのじょ》は うまかった よ!!
歌は あなたのほうが 上手だったよ…
ありがとう…
こぼれ ばなし
アイライン
イタリアでは アイライン バッチリの 女性をよく見た
2mmはある
イラリアさんのアイライン
エリザさんも
5年前 くらいから 流行って ますねー
ルイゼッラさんは
私は ひきたいけど ヘタだから イライラしてきて うまく ひけないの!!
誰か やって!!

TENORES DI BITTI "Mialinu Pira"
Via Brescia, 17, 08021 Bitti-Nuoro
TEL: 347- 8529584　FAX: 027-0031473　http://www.tenoresdibitti.com

Tony's Column

「4人5唱」

〝テノーレス・ディ・ビッティ・ミアリーヌ・ピーラ〟は、サルデーニャを中心に活躍している男性4人のアカペラグループ。

メンバーたちは、ときどきお互いの声が共鳴し、そこにいない〝5人目の声〟が聞こえてくるという。歌を披露してもらったとき、僕は耳を傾けてそれを聞き取ろうとしたが、結局歌の美しさと不思議さに心を打たれ、声の数を確認する余裕はなかった。

4000年も前から存在すると言われているこの歌い方は、家畜の声を真似てできたという説がある。失礼かもしれないが、納得できる話だ。リードヴォーカルはだいぶ鼻にかけて歌っていたので、羊が思い浮かぶ。低い声のバスとコントラバスの二人は、かなり牛っぽい。

彼らは、観客に向かってではなく、円陣を組んで歌う。僕はその輪に入ってバスに挑戦させてもらったが、彼らの歌い方を真似していると咳がこぼれてしまうのだ。

「そうそう、その調子で歌いなさい」なんて励まされ、そのままの調子で歌ってみることに。でも、僕の牛は5分で疲労困憊。

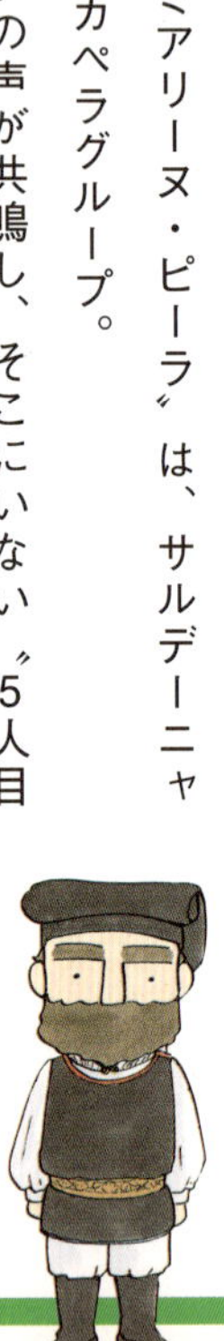

ラ・モーラ

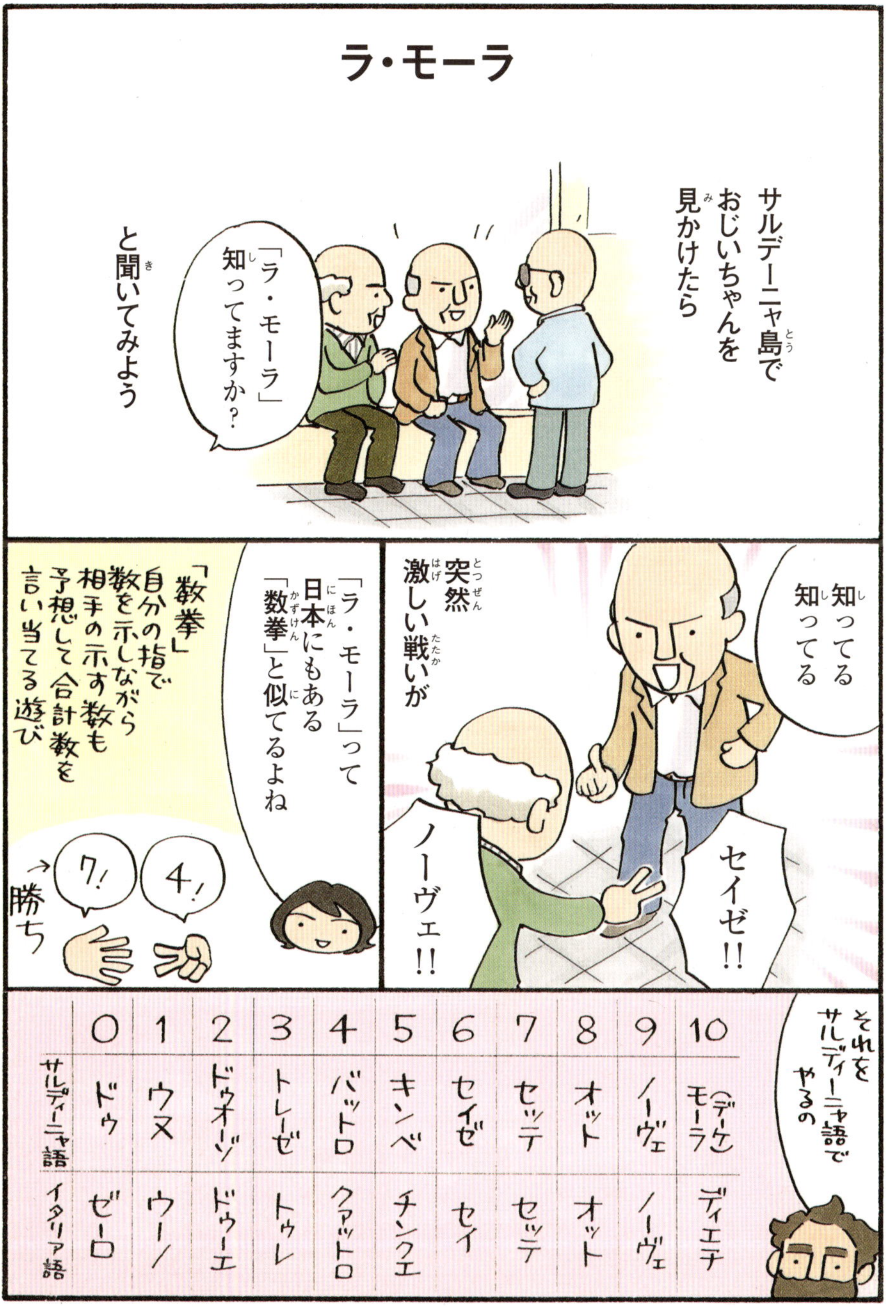
サルデーニャ島《とう》でおじいちゃんを見《み》かけたら
「ラ・モーラ」知《し》ってますか?
と聞《き》いてみよう
知《し》ってる知《し》ってる
突然《とつぜん》激《はげ》しい戦《たたか》いが
セイゼ!!
ノーヴェ!!
「ラ・モーラ」って日本《にほん》にもある「数拳《かずけん》」と似《に》てるよね
「数拳」自分の指で数を示しながら相手の示す数も予想して合計数を言い当てる遊び
7!
4!
→勝ち
それをサルディーニャ語でやるの

	0	1	2	3	4	5	6	7	8	9	10
サルディーニャ語	ドゥ	ウヌ	ドゥオーゾ	トレーゼ	バットロ	キンベ	セイゼ	セッテ	オット	ノーヴェ	モーラ（デーケ）
イタリア語	ゼーロ	ウーノ	ドゥーエ	トゥレ	クアットロ	チンクエ	セイ	セッテ	オット	ノーヴェ	ディエチ

勝負《しょうぶ》させてもらう
勝《か》たせてください
バットロ
キンベ!!
ダメダメダメ
バッ
起立
今キンベ出せない
キンベ違うでしょ
自分でキンベはないよ
もう一度
セッテ
モーラ
ドゥ
ダメダメダメ
バッ
その場合ドゥは1
ドゥは1になるんだ
二人ともドゥなら1だよ
二人《ふたり》ともドゥだったら1と数《かぞ》えて…
そもそも
片方《かたほう》がゼロなら
恒例《こうれい》の「その場《ば》の全員《ぜんいん》が話《はな》し出《だ》す」事態《じたい》
待《ま》って待《ま》って
私《わたし》はイタリア語《ご》にしてやってもらった
セッテ
オット
トゥレ
ウーノ

ダメだ
速《はや》いよ〜〜〜
ゆっくりやりたくてもできないんだよ
頭《あたま》の回転《かいてん》が遅《おそ》い人《ひと》はできないんだよ
日本《にほん》のラ・モーラをお見《み》せする
じゃんけんぽん!
勝《か》ったー
どんなルールなんだ
1回《かい》だけやるのか
そもそも
じゃんけんぽんってどういう意味《いみ》だい
やってみよう
待《ま》って待《ま》って待《ま》って!!
ルールを説明《せつめい》をして
じゃんけんぽん!
あ おじさんの勝《か》ち!!
ウフフ
元気《げんき》なおじいちゃんたちでした

こぼればなし

洗濯機《せんたくき》

イタリアには大変難しい洗濯機が存在します
脱水されずに止まってる? しかもどうやってもあかない!!
わかんないわ
イラリアさんに説明書を読んでもらったら…
ひとつのボタンを押すと「7」が「脱水」に変化
「脱水」が終わって「カチッ」と音がするとあくのでした
「7」になんの印もついてないですよ!? なぜ「7」!?

サボテンの実

イタリアでは
サボテンの実《み》を食《た》べます
手袋《てぶくろ》して
手《て》で回《まわ》せば
簡単《かんたん》に採《と》れるね
きゅっ
しかし
刺《さ》さったよ
20本くらい
抜いてる
ううん
11本くらい
だよ
実《じつ》は手袋《てぶくろ》が私《わたし》のはゴム
トニーのは布《ぬの》
ゴムが
貼ってないと
すごく
ぶ厚くても
ムリと
判明
いいほうを
さおりに
あげたんだよ
20本くらいだよね
ううん
11本くらいだよ
さて
食《た》べ方《かた》は
1
頭とお尻を
少し切る
2
実の部分の
表面の皮を
切る
下側の皮を
ナイフで
はがしていく
3
最後は
手で転がす
ように
もうね絶対
触っちゃダメ
だから!!

うーん
おいしいねー
また誰より早く食べてる！
スイカとビワを足《た》した感《かん》じかなおいしいです!!
スーパーでフルーツを買《か》うときは
スーパーのサボテンはとげなし
FICHI D'INDIA
8
SICILIA
€ 1,98 Kg
この数字を
画面でタッチすると重さが計られて値段のシールが出てきます

こぼればなし

美容院《びよういん》

サルデーニャの美容院では
少し厚みのあるゴムみたいなものをかけられました
髪の長さをきちんと見るためですよ
担当の美容師さん

シャギーをお願いしたら
ジャキ
ジャキ
ジャキ
スキばさみをガンガン入れていく
そして目の前に放置されたはさみ
ほかのスタッフの腕に
京
流行っているらしい漢字のタトゥ発見
ちょっといい？
?
これでOK！
東京都
ごめんなさい…
仕上がりはかなりワイルド
「美容院に行く前」にも少し似てるけど…

Tony's Column

「ポケットナイフ」

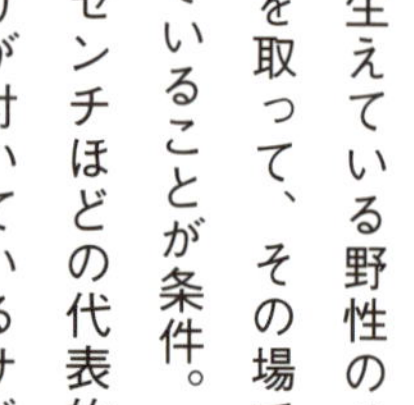

ヌオーロ周辺の高速道路の両側に生えている野性のサボテン。夏には、車を路肩に止めて勝手にその赤い実を取って、その場でおいしく食べることができる。ただし、ナイフを持っていることが条件。

僕はオルゴゾロの町で、刃渡り9センチほどの代表的なサルデーニャ産ポケットナイフを買った。無数のとげが付いているサボテンの皮をむくのに、このナイフはぴったりだった。これより小さいものだったら、手にとげがもっと刺さっただろう。

ナイフを持って旅をすることは、一種の〝自立〟につながると思う。旅の途中で買ったチーズやパンを切ってサンドイッチに、また果物や野菜をサラダにすることができる。逆にナイフがなければ、高いお金を出してレストランで食事をするか、出来合いの総菜を買うしかない。

サルデーニャ産の手作りポケットナイフは、刃も柄もかなり質が高い。値段は安いものから、動物の角を柄の部分に使った高いものまである。日本に持ち帰る場合は、日本大使館などに確かめ、法律に引っかからないようにしてほしい。

コルク

アグリの敷地にある
木がヘンな形…
と思っていたら
コルクの木
ですよ
オーナー
セバス
ティアーノ
さん
木の皮を一周
はいでいたのでした
はいだ皮が
そのまま
コルク
なんですね
5〜8月に
オノで叩くと
自然に
割れてきます
その時期以外
コルクを採っては
いけないという
法律が
あるのだそう
1回切ったら
10年は
待たないと
ダメ
オーナーの友人
ベルナディーノさん
いいコルクは
木肌スベスベ
悪いコルクは
ゴツゴツ
コルクで小物を
作るのが
趣味の
76才
ステキな夢
100才までに
「先生」の
レベルに
なりたいんだ
でも
ほっとくと →
エッチな話を
しはじめます
油断してると
エッチな話にあたる
なあ

落書きの村

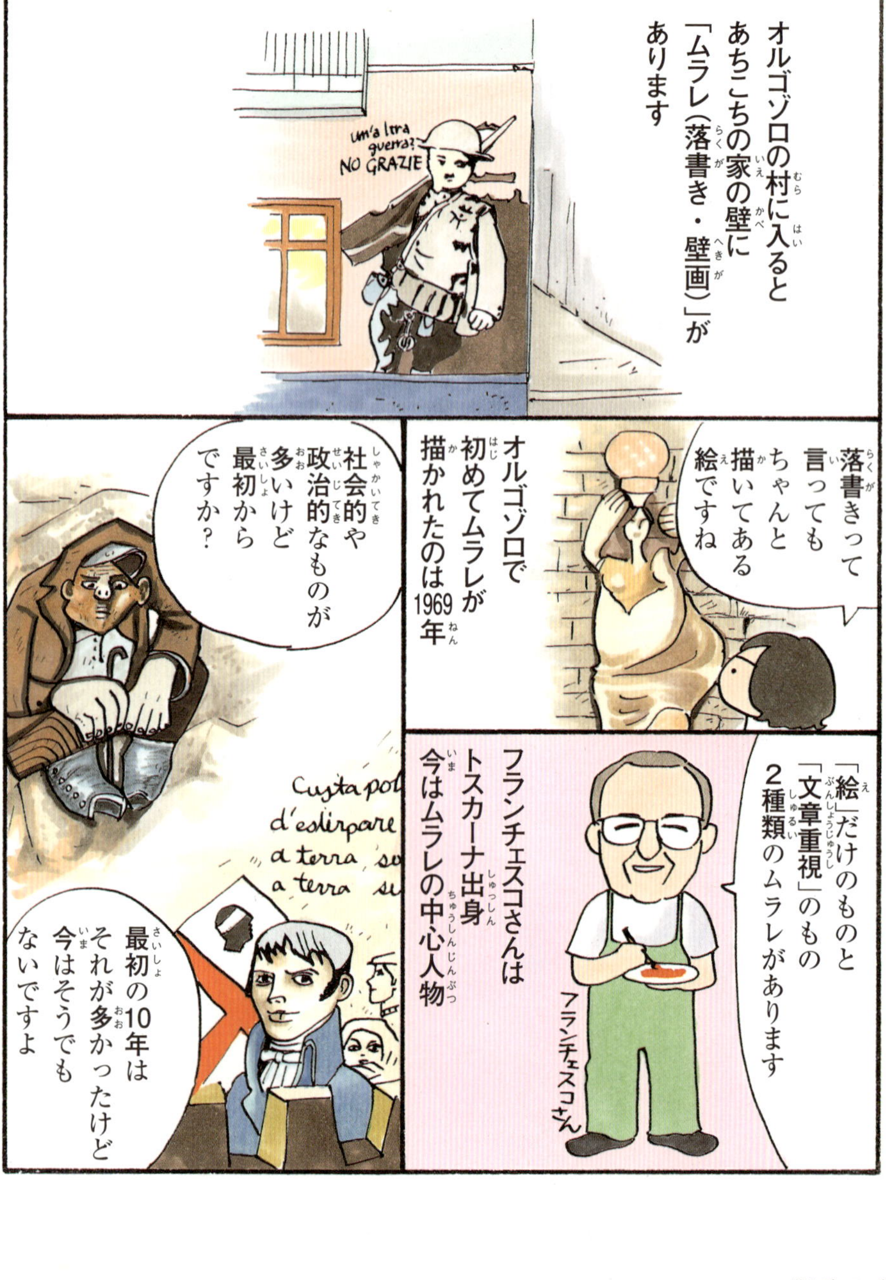
オルゴゾロの村《むら》に入《はい》ると
あちこちの家《いえ》の壁《かべ》に
「ムラレ（落書《らくが》き・壁画《へきが》）」が
あります
Un'a ltra guerra? NO GRAZIE
落書《らくが》きって 言《い》っても ちゃんと 描《か》いてある 絵《え》ですね
オルゴゾロで 初《はじ》めてムラレが 描《か》かれたのは 1969年《ねん》
社会的《しゃかいてき》や 政治的《せいじてき》なものが 多《おお》いけど 最初《さいしょ》から ですか？
「絵《え》」だけのものと 「文章重視《ぶんしょうじゅうし》」のもの 2種類《しゅるい》のムラレがあります
フランチェスコさんは トスカーナ出身《しゅっしん》 今《いま》はムラレの中心人物《ちゅうしんじんぶつ》
フランチェスコさん
Custa pol
d'estirpare
a terra su
a terra su
最初《さいしょ》の10年は それが多《おお》かったけど 今《いま》はそうでも ないですよ

70年代《ねんだい》に「ムラレ・ムーブメント」が起《お》こってほかの村《むら》でもよく描《か》かれていたけど
最近《さいきん》はそうたくさんは描《か》かれてません
今あるムラレは150くらいとか
若《わか》い人《ひと》によって修復作業《しゅうふくさぎょう》も行《おこな》われています
フランチェスコさんは指導《しどう》しつつ自《みずか》らも修復中《しゅうふくちゅう》
CONCIMI
NON
なぜこれが始《はじ》まって今《いま》も続《つづ》いてるんでしょうね
うーん…
ポスターではなく壁《かべ》に描《か》いたらきれいだったということかな
私《わたし》たちに与《あた》えられたのは長《なが》い壁《かべ》の一画《いっかく》
ここから自由に描いていい
ボクはサルデーニャのことわざをアレンジするよ
NARA SU DITZU "FURAT CHIE BENIT DAE SU MARE" POR FORTUNA NOIS BENIMOS DAE S'ARIA
"海から来た者は盗みに来た者だ"と言うけれど
幸いに ボクたちは空から来た

さっそく描《か》いていると
通《とお》りがかったおじさんが車《くるま》を降《お》りた
バタン
ほう ムラレ描《か》いてるのか
後《あと》でうちにいらっしゃい
と誘《さそ》ってくれたが
字《じ》も海《うみ》もかすれちゃって大変《たいへん》…
だいぶ時間かかりそう
RA SU DITZU
FURAT CHIE BE
絵《え》の具《ぐ》が濃《こ》いからだね
でも薄いとたれるし
エディ
NARA TZU
FURAT CHIE B
U M
総出《そうで》で手伝《てつだ》う
その後《あと》エディは
果《は》てしのないバカ話《ばなし》
今日《きょう》からオレ「ジュリアーノ」って呼《よ》んで
イタリアだからジュリアーノ・ジェンマでいくわ
ジュリアーノ
運転手エンツォさん（サーファー）
海の近くにいる人は世界共通の雰囲気が

「エディター（編集）」だから「エディ」なのに逸脱してきた

絵《え》が完成《かんせい》したので
さっきのおじさん宅《たく》に
伺《うかが》ってみると
私《わたし》は
画家《がか》でね
20軒《けん》くらいの
ムラレを
描《か》いたよ
今《いま》でも
たまにやってる
この前は 幼稚園に
フランチェスコさんと描いた
テクニックより
メッセージが
大切《たいせつ》だよ
ムラレは
単《たん》なる絵《え》では
ないんだ
村外《そんがい》の人《ひと》でも
描《か》ける方法《ほうほう》は二《ふた》つ
1 ここ10年は市役所が
管理しているので
市役所に許可を取る
2 描けそうな壁のある
家の人に直接
許可を取る
私《わたし》たちの絵《え》
オルゴゾロに行《い》ったときには
探《さが》してみてください
NARA SU DITZU
"FURAT CHIE BENIT
DAE SU MARE"
POR FORTUNA NOIS
BENIMOS DAE
S'ARIA
09.10.06
TONY
LASZLO
世界中の
こどもたちが
笑顔で
いられます
ように
平成18年10月6日
左多里

ウジ虫チーズ

サルデーニャと言えば「ウジ虫チーズ」が有名
でももう秋だからウジ虫は死んでるよ
セバスティアーノさんがとっておいてくれた
ウジ虫がチーズを食べて排泄すると柔かくおいしくなるのだとか
かなり濃いね
ちょっとわさび漬けに似てる
生きてたら食べられないかも
必死でウジ虫をよけつつ…
しかしウジ虫を食べるのに危険性があるので
今は「食べてもいいけど売っちゃダメ」ってことになってるよね
それをどう思うか聞いてください
「売っちゃダメ」ってことになってるけど…
うん うん
だってこういうふうに…
あはは それはあれでしょ
どう見ても普通のイタリア人同志の会話に突入
10分後
あっ
あのねー答えは「6月だとチーズが割れてハエが入っていきやすいから」です
って答えが違うぞルイゼッラ!!

Tony's Column

ウジ虫チーズと聞いて、我先にと手を伸ばすあなた。誘惑に負け、〝禁じられた果実〟を食べた僕が言っても説得力はないがそれでも言う。ヤメなさい。〝カス・マルツ〟は、羊の乳から作られるウジ虫入りチーズ。蜂の巣から蜂蜜を盗むのと同じ感覚で、ウジ虫をどかしながら彼らが柔らかくしてくれたクリーム状の部分だけをいただく。しかし、微小なウジ虫が飛び跳ねたら、うっかり1～2匹は食べてしまう。困ったことにこのウジ虫は人間の胃酸では殺されず、生きたまま腸に届くことがあり、腸壁に穴を開けるなどの悪さをする。

初夏前後が食べ頃のこのチーズ、僕たちが食べたときは夏を過ぎていたのでウジ虫は死んでいた。ハエは伝染病を媒介するし、チーズの腐敗によっては毒素が発生することもある。そう考えると、このチーズを食べた僕たちが健康を害しても不思議はなかった。ウジ虫抜きでも、これは危険な遊びだ。

2000年にカス・マルツがイタリア政府によって〝伝統食品〟に指定された。これを受けて、最近サッサリ大学で、衛生面を改善するための研究が行われている。安心してダニの力を利用するフランス産のミモレットと同様に、近々、ウジ虫入りのチーズを食べられる日が来るかもしれない。

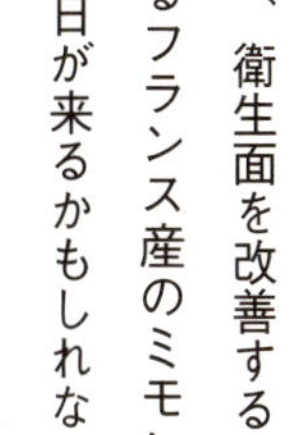

「危険な味わい」

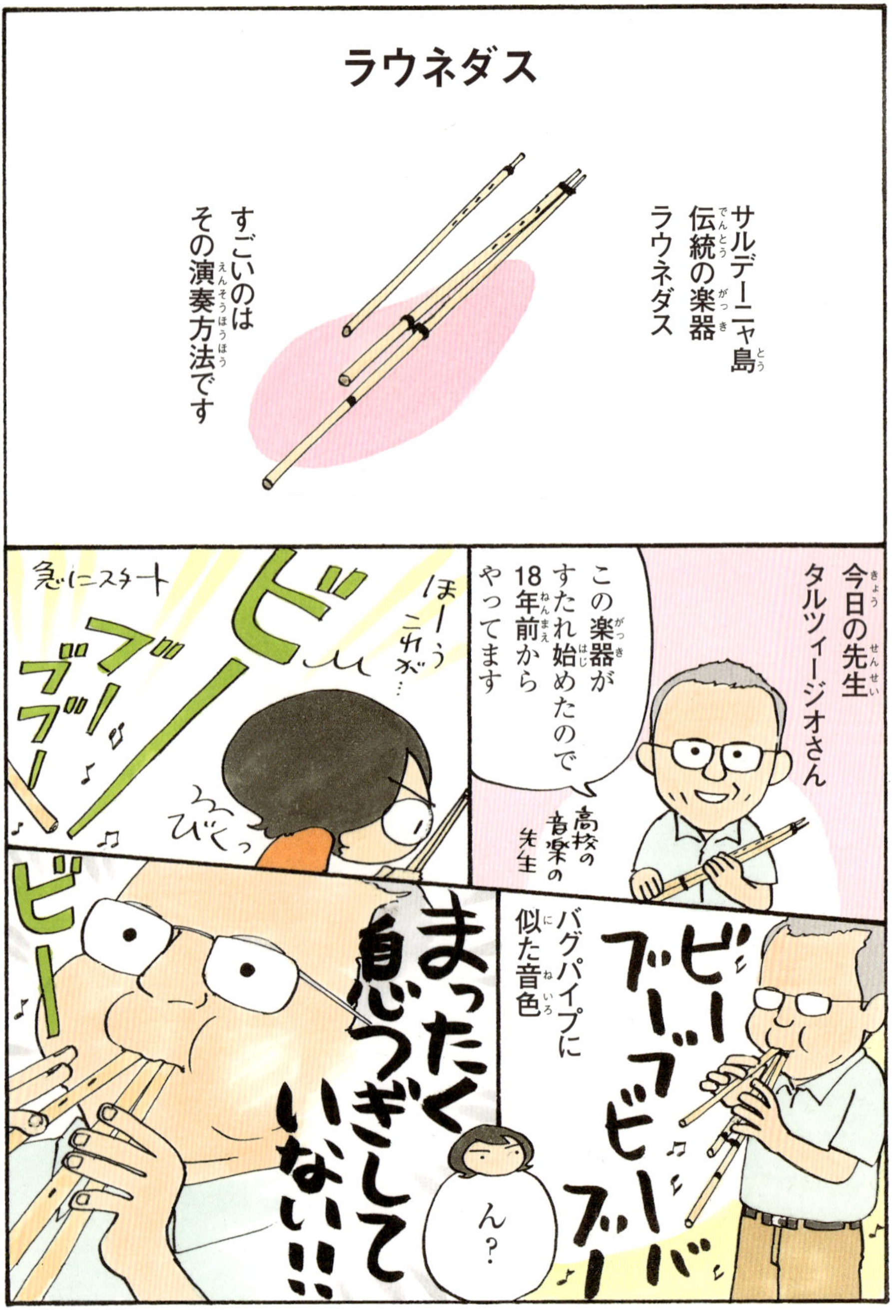
ラウネダス
サルデーニャ島《とう》
伝統《でんとう》の楽器《がっき》
ラウネダス
すごいのは
その演奏方法《えんそうほうほう》です
今日《きょう》の先生《せんせい》
タルツィージオさん
この楽器《がっき》がすたれ始《はじ》めたので18年前《ねんまえ》からやってます
高校の音楽の先生
急にスタート
ほーうこれが…
ビー
ブー
ブブー
びくっ
バグパイプに似《に》た音色《ねいろ》
ビーブーブビーバブー
まったく息つぎしていない!!
ん?
ビー

音《おと》がとぎれないんだけど!!
なんで!?
それを習《なら》いに来《き》たんじゃないの
そうでしたか…
このラウネダス5000年前《ねんまえ》にはもうあったらしい
語源《ごげん》はスーメリコ民族《みんぞく》の「ほっぺたをふくらます」だと思《おも》います
諸説ありますが
ほっぺたをふくらます = LABUNに サルディーニャ語のDASなどがくっついた
何千年《なんぜんねん》も変《か》わってない楽器《がっき》はこれくらい?
私《わたし》の知《し》ってる限《かぎ》りではそうですね
演奏家《えんそうか》はたいてい自分《じぶん》で作《つく》るそう
作《つく》り方《かた》はあまり教《おし》えてもらえなくて試行錯誤《しこうさくご》でやってきたんです
素材は葦《あし》
メス
オス
水辺に生えます
葦《あし》を切《き》るのも1~2月《がつ》のいつがいいのかとかいろーんなことを試《ため》しましたよ
いつ切《き》ってるんですか?
1月《がつ》下旬《げじゅん》の満月《まんげつ》から1週間《しゅうかん》以内《いない》です
でもすばらしい葦《あし》が採《と》れる場所《ばしょ》は秘密《ひみつ》
18年かかってやっと見つけたんですからねー
書かないから~教えてくださいよ

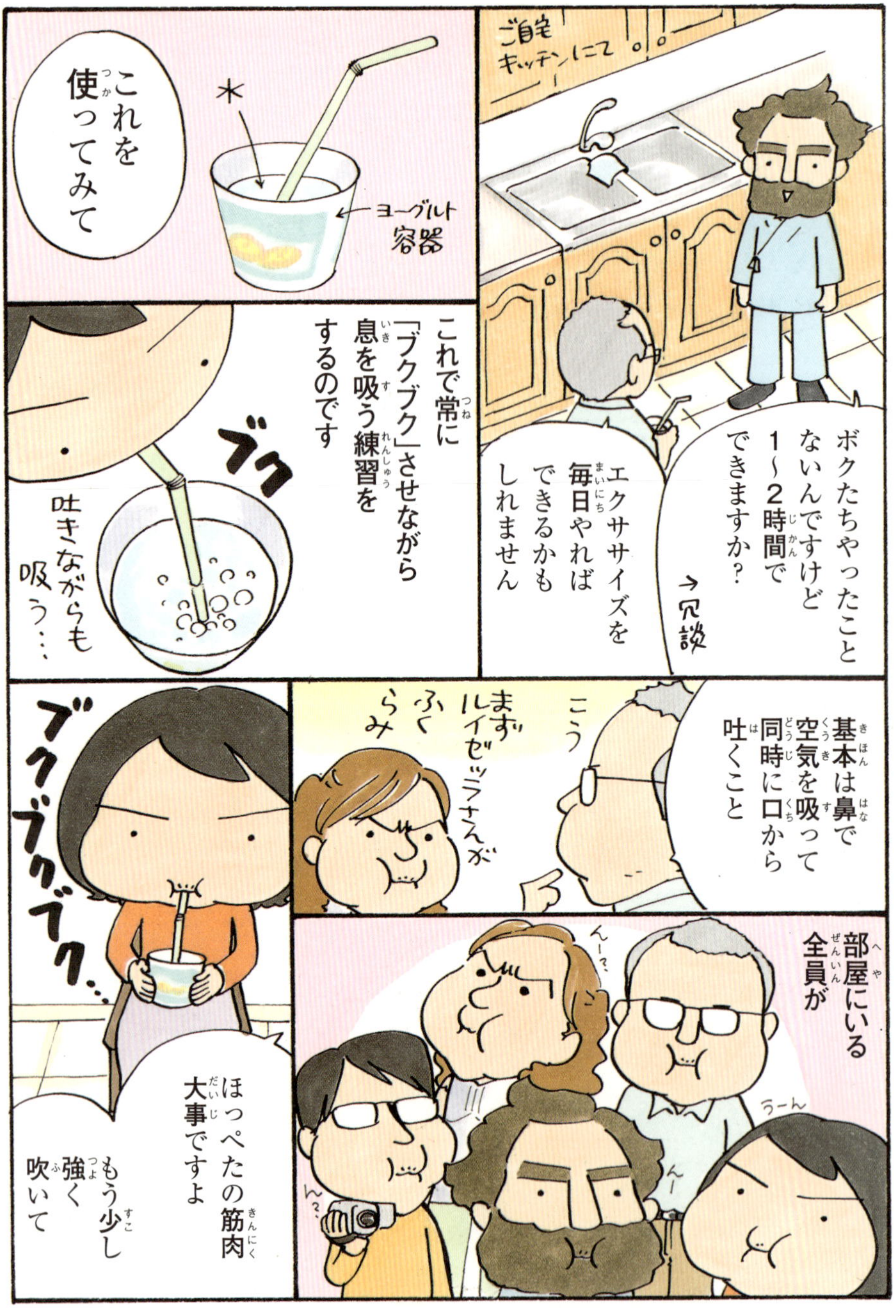
ご自宅キッチンにて。
これを使《つか》ってみて
*
ヨーグルト容器
ボクたちやったことないいんですけど1〜2時間《じかん》でできますか？
→冗談
エクササイズを毎日《まいにち》やればできるかもしれません
これで常《つね》に「ブクブク」させながら息《いき》を吸《す》う練習《れんしゅう》をするのです
ブク
吐きながらも吸う…
基本《きほん》は鼻《はな》で空気《くうき》を吸《す》って同時《どうじ》に口《くち》から吐《は》くこと
こう
まずルイゼッラさんがふくらみ
部屋《へや》にいる全員《ぜんいん》が
んーっ
うーん
んー
ん？
ブクブクブク…
ほっぺたの筋肉《きんにく》大事《だいじ》ですよ
もう少《すこ》し強《つよ》く吹《ふ》いて

すーん
難《むずか》しいですか?
ええええ
しーん
ブクブク…
すーん
ちょっと空気《くうき》を残《のこ》してまた入《い》れるんですよ
しーん
筋肉《きんにく》でプッシュするためふくらませる…
わかった!!
いや〜
わかってなかった!!
これから勉強《べんきょう》します
私《わたし》は2ヶ月《かげつ》くらいで覚《おぼ》えましたが
最初《さいしょ》の難《むずか》しさは呼吸《こきゅう》ですけどでも一番《いちばん》難《むずか》しいところじゃないです
ガタタ..
ドリフ並に
難《むずか》しいのはやっぱり指《ゆび》の動《うご》かし方《かた》です終《お》わりがないですからね
興味《きょうみ》あるんですね
指《ゆび》も少《すこ》し教《おし》えてください
やけに嬉しそう

ではまず音《おと》を鳴《な》らす部分《ぶぶん》を吹《ふ》いてみてください
プー
お豆腐屋さんみたいな音
これはカンタン
あれ？ここにゴミのようなものが
鼻から出てくるゴミ的なものに酷似していますが
これはみつろうです
これを取《と》ると
ピー
付《つ》けると
ピー
上《あ》がった
へえー
細《こま》かい音階《おんかい》を調節《ちょうせつ》しているのです
ちなみにサイズや穴の場所によって「ソ」「ラ」「シ」など音階が違い曲によって演奏するラウネダスを変えます
あなたたちは興味《きょうみ》があるから普通《ふつう》の人《ひと》より早《はや》く覚《おぼ》えますよ！
でも吹《ふ》くと大音量《だいおんりょう》ですけど苦情《くじょう》きませんか？
アトリエなら大丈夫《だいじょうぶ》ですよ
ここです
大通り↓
後で作った半畳ほどの部屋
アトリエ
ベランダ

毎日《まいにち》3時間《じかん》練習《れんしゅう》するという先生《せんせい》の演奏《えんそう》を堪能《たんのう》し
ビーブブブ
ベーブビーボ
ビーリロビー
踊り出すルイゼッラさん
そばにいた奥《おく》さんに
どの曲《きょく》が好《す》きですか?
ギターのほうがいいわね
クール
別《わか》れ際《ぎわ》
あなたたちはとても興味《きょうみ》があるようだからこれあげます!!
ええっ
先生のキラキラがわかる気するよ
先生がんばれ!!
しかしラウネダスは大変繊細《たいへんせんさい》ケースに入《い》れなければ日本《にほん》に持《も》ち帰《かえ》れないが買《か》う時間《じかん》がない…どうする!?

こぼればなし
空港《くうこう》にて
カフェの奥をのぞく怪しいアジア人一名
狙うは いらない ダンボール
テープ再利用できる可能性あり
それ…もらえませんか
おみやげ屋さんでちょうど見かけたはさみを借り
もちろんおれいに少し買物して
テープもつけてくれた
ラウネダスのケース作りました…

LAUNEDDAS / Tarcisio Pisanu
Viale Trieste, 61 Cagliari
TEL: 070-667857　http://www.launeddas.info

パン細工

サルディーニャに伝わるパン細工
お祭りや結婚式のときに焼きます
奥さん
PANE
パン屋オーナー
クリスティーノさん
いきなりバンバン作っていく一家
母
テレジィーナさん
父
サルバトーレさん
一番上手だとか
使うのは普通のはさみやナイフ
開始1分トニーだけすでに違う形
私たちも作らせてもらった
クリスティーノさんの
その後も
こうか!!
チッ
舌打ちって日本ほどイヤな意味はないよね
※優しいおばあちゃんです
そうして作った「鳥」
焼きあがってみればどちらも「ガメラ」の仕上がり…でした

"SU MODDIZZOSU" PANIFICIO
Via Roma, 126, Sinnai-Cagliari
TEL: 070-767969

地元の特産物を使った手作り料理

Agriturismo Testone《アグリツーリズモ・テストーネ》

Via Verdi, 08100 Nuoro　TEL: 0784-230539

3時間
煮込んだ羊
チーズ
各種
リコッタや
ペコリーノなど
ピーマンの
マリネ
フィリンデーウの スープ
「フィリンデーウ」=神の糸
ものすごく細い
サルデーニャ伝統のパスタ
延ばしては
折りたたむ、を
7回 繰り返し
ます
作れる人は
もう数少ないとか
ブチブチブチ
挑戦しましたが
もちろん7回は
できません
宿泊の
お客さん
以外はお問い合わせを
朝は
プロポリスを始め
ハチミツやジャム、
牛乳からできたクリームなど
手作りのものが
たくさん!!
丸い板に
交互に
のせていって
天日で
干します

堅実な仕事ぶりが伝わってくるお店

Trattoria “La Locanda”《トラットリア・ラ・ロカンダ》

Via Brofferio, 31, 08100 Nuoro　TEL: 0784-31032

野菜の
オリーヴオイル和え
€4.00
ドライトマト、
ミニ玉ねぎ、
キャベツ
ミートソースの
ニョッキ
€4.00
サルデーニャで
ニョッキと
いえば この形
サルデーニャの
パンは
とても薄い
パネ カラサラ
「カラサーレ」
″
楽譜
パリパリ
四角いパスタ
ステラセッティ
アスパラ
ガスの
パスタ
€5.50
ロバ肉の
ステーキ €6.50
牛肉より固いけど
細かく切れば
OK

おわりに

イタリアは、もちろん陽気な人ばかりではなかった。
でも、語りたいことをいっぱい持っている人が多かった。
疲れるときもある、だけどその何倍も面白かった人々と、
おいしかったイタリア料理に感謝を捧げます。
小栗左多里

ローマで、レストランの開店をもっと早くするよう
訴えたこと（P86）を少し後悔している。
イタリアの生活のペースは日本の都会の半分以下だと感じるが、
次はそれに合わせられるよう、スピードを落としたい。
トニー・ラズロ

イタリア宿情報

Venezia

【リドのB&B】 オーナーが階下に住んでいて、家庭的な雰囲気。
B&B Villa Bellodi（ヴィッラ・ベッローディ）
Via Scutari, 23, 30126 Lido-Venezia　TEL & FAX: 041-5268934
http://www.villabellodi.it

Firenze e Toscana

【フィレンツェのホテル】 城を増改築した4星ホテル。街を一望できる眺め。
Hotel Torre di Bellosguardo（ホテル・トッレ・ディ・ベロスクワルド）
Via Roti Michelozzi, 2, 50124 Firenze　TEL: 055-2298145　FAX: 055-229008
http://www.torrebellosguardo.com/eng/index.htm

【トスカーナのアグリツーリズモ】 美しい田園と空気が味わえる、戸建て形式のアグリ。
Agriturismo Il Serraglio（アグリツーリズモ・イル・セラグリオ）
Via della Montagna, 11, 53045 Montepulciano-Siena　TEL & FAX: 0578-798239
http://www.ilserraglio.it

Roma e Dintorni

【ローマのB&B】 部屋番号は女優の名前というおしゃれなB&B。共同ジャグジーもあり。
Il Boom B&B（イル・ブーム）
Via Dandolo, 51, 00153 Roma　TEL: 335-5998583
http://www.ilboom.it

【ローマ近郊、スポレートのアグリツーリズモ】 おちゃめなオーナーと控えめな奥さんの仲の良さが印象的。
Agriturismo Il Pecoraro（アグリツーリズモ・イル・ペコラーロ）
Frazione Strettura, 76, 06049 Spoleto　TEL: 0743-229697
http://www.ilpecoraro.it

Napoli

【ナポリのB&B】 高級住宅街にあってきれい。繁華街も徒歩圏内。
Week End a Napoli（ウイークエンド・ア・ナポリ）
Via Enrico Alvino, 157, 80129 Napoli　TEL: 081-5781010　FAX: 081-5783269
http://www.weekendanapoli.it

【会員制のB&B】 下町のど真ん中、アートと本がいっぱいの「泊まれるギャラリー」。
L'albergo del Purgatorio（ラルベルゴ・デル・プルガトーリオ）
Via San Biagio dei Librai, 39, 80138 Napoli　TEL & FAX: 081-299579

Sardegna

【カリアリのB&B】 若い夫婦が経営する新しいB&B。インターネットもあり、朝食も充実。
Il Girasole（イル・ジラソーレ）
Vico Barcellona, 6, 09124 Cagliari　TEL: 070-651917　CELL: 348-1097278

【ヌオーロのアグリツーリズモ】 巨石を組み込んだ設計のダイニングなど自然にとけ込んだ造り。
Agriturismo Testone（アグリツーリズモ・テストーネ）
Via Verdi, 08100 Nuoro　TEL: 0784-230539
http://www.agriturismotestone.com

小栗左多里（おぐりさおり）

岐阜県生まれ。95年にデビュー。著書に『ダーリンは外国人①～②』『ダーリンの頭ン中』『カナヤコ』（メディアファクトリー）『英語ができない私をせめないで!』（大和書房）、『精神道入門』（幻冬舎）『おねがい神様』『この愛のはてに』『まじょてん①～②』（ヤングユーコミックスコーラスシリーズ）、『さおり&トニーの冒険紀行 ハワイで大の字』『かんたん! 勝負ごはん』（ヴィレッジブックス）などがある。 http://ogurisaori.com/

トニー・ラズロ

ハンガリー人の父とイタリア人の母の間に生まれ、米国に育つ。自他ともに認める語学好き。1985年より日本を拠点とするライター。英語と日本語で文書を書く傍ら、1994年から多文化共生を研究するNGO「一緒企画（ISSHO）」を運営。著書に『ダーリンの頭ン中』（メディアファクトリー）、『さおり&トニーの冒険紀行 ハワイで大の字』（ヴィレッジブックス）、『トニー流　幸せを栽培する方法』（ソフトバンク クリエイティブ）などがある。
http://talking.to/tony

さおり&トニーの冒険紀行《ぼうけんきこう》
イタリアで大《だい》の字《じ》

2007年 4 月 5 日　初版第1刷発行
2007年 4 月25日　　　第2刷発行

著　者　小栗左多里《おぐりさおり》
　　　　トニー・ラズロ

発行人　鈴木徹也

発行元　株式会社ヴィレッジブックス
〒102-0074　東京都千代田区九段南2-1-30
電話　03-3221-3131（代表）
03-3221-3134（編集内容に関するお問い合わせ）
http://www.villagebooks.co.jp

発売元　株式会社ソニー・マガジンズ
〒102-8679　東京都千代田区五番町5-1
電話　03-3234-5811（販売に関するお問い合わせ）
03-3234-7375（乱丁、落丁本に関するお問い合わせ）

印刷所　図書印刷株式会社

ISBN978-4-7897-3017-4
Printed in Japan

※取材店舗などの住所、及び電話番号、価格などは2006年9月時点のものです。

STAFF

Art Direction
Fumikazu Ohara（SOUP DESIGN）

Design
Chikako Abe（SOUP DESIGN）

D.T.P.
Tosho Printing Company, Limited

Editing Cooperation
Tomoyoshi Abe

Editing Director
Mineko Oshima（MEGIN）

Producer
Eddy Tsuyoshi Ito

Cooperation
Mari Elisa Ohta / m&m mediaservices srl
Mayumi Onuki / m&m mediaservices srl
Yoshiko Tabuchi / m&m mediaservices srl
Luisella Palladino / www.luifilm.com
Embassy of Italy in Tokyo
Italian State Tourist Board（ENIT）

Special Thanks
VENEZIA: Simone Cenedese / Bruna & Giovanni & Cecilia Cenedese / Gualtiero Dall'osto / Alessandra Mirella / Marco Cendret / Paolo Brandolisio / Mauro Tocchi / Stefano Scuteri / Giorgio Papa & Maria Angela Olivieri
FIRENZE E TOSCANA: Natalia Materassi / Gabriella Forcucci / Ester Calabrò / Marco Baroni & Sumiyo Dan / Cozzi Filippo / Francesco Fossi / Lorenzo Romagnoli / Mauro Tigli / Bikash Barua / Pierluigi Vitali / Lorenzo Acuti / Alan Pascuzzi / Arturo Romani / Leonardo Chiussi / Vice Sindaco Alfiero Petreni / Adriano Formichi / Remo Papini / Oscar Carrattelli / Niccolo Ciolfi / Daniele Crociani / Ivo Andrei / Comune di Pienza / Roberto Marchi / Alberto Ferraro / Gerardo & Silke & Luisa Magnanelli / Massimo Morucci / Ingo & Anja / Luca Gattavecchi / Gionata Gattavecchi / Ilaria Gabrielli
ROMA E DINTORNI: Omero Chiovelli / Nerone（Sergio Iacomoni）/ Michele D'orazio / Alessio Giovanelli / Marco Eskandar / Imad Eskandar / Paola Staccioli / Françoise Dary / Marco Tamburella / Silvia Viviani / Deborah D'Alessandro / Angelo Angius / Salvatore Voci / Giorgio Pacetti & Lina Baglioni / Mario Bracci / Lara Meli / Davide Chiafala / Alessandro Pierantoni
STATO DELLA CITTÀ DEL VATICANO: Archbishop Joseph Pittau, S.J. / Sr. Maria Ignazia Ishino / Sr. Maria Ignazia Mori / Msgr. Leon B. Kalenga / Dott. Angelo Scelzo / Tiziano Guarneri
NAPOLI: Italian Chamber of Commerce in Japan / Salvatore Urzitelli / Antonio Palmieri / Laura Tafuri / Ciro Califano / Luigi Mastronari / Nunzio Russo / Aniello De Luca / Luigi Califano / Luigi Di Luca / Michele Di Luca / Giuseppe Ascione / Nicola Manzo / Alessio Pascale / Carlo Gentiletti / Gino Evangelista / Ettore Sciarra / Dott.ssa Filomena Agliata / Dott.ssa Cinzia Galluccio / Sig. Iodice Pietro / Dott.ssa Giuliana Visciola / Dott. Enzo Cozzolino / Francesco Moxedana / Massimo De Matteo / Valeria Vacca / Giuseppe Romano / Maria Bocchetti / Salvatore Quaranta / Prof. Michele Quaranta / Paolo & Patrizia Coppola / Nathalie de Saint Phalle / Barbara Pfister / Giovanni Gasparetto
SARDEGNA: Omar Bandinu / Bachisio Pira / Dino Ruiu / Marco Serra / Floriana Giuliano / Nicolina Carzeddu / Marcella Garroni / Michele Ena / Franco Buffa / Silvano Usai / Sebastinao secchi / Bernardino Mariani / Francesco del Casino / Pasquale Buesca / Sindaco Meloni Francesco Giuseppe / Comune di Orgosolo / Tarcisio Pisanu / Cristian & Salvatore & Teresina Atzori / Enzo Boscaino